国家社科基金一般项目"马克思'人民主体'的
阶级性与历史性研究"（20BKS005）的阶段性成果

马克思的
需要理论研究

袁富民　著

西南财经大学出版社

中国·成都

图书在版编目(CIP)数据

马克思的需要理论研究/袁富民著.—成都:西南财经大学出版社,2024.4
ISBN 978-7-5504-5586-3

Ⅰ.①马… Ⅱ.①袁… Ⅲ.①马克思主义哲学—需要—理论研究
Ⅳ.①B0-0

中国国家版本馆 CIP 数据核字(2024)第 000043 号

马克思的需要理论研究

MAKESI DE XUYAO LILUN YANJIU

袁富民　著

责任编辑:李思嘉
责任校对:李　琼
封面设计:墨创文化
责任印制:朱曼丽

出版发行	西南财经大学出版社(四川省成都市光华村街55号)
网　　址	http://cbs.swufe.edu.cn
电子邮件	bookcj@swufe.edu.cn
邮政编码	610074
电　　话	028-87353785
照　　排	四川胜翔数码印务设计有限公司
印　　刷	四川五洲彩印有限责任公司
成品尺寸	170mm×240mm
印　　张	9.75
字　　数	171 千字
版　　次	2024 年 4 月第 1 版
印　　次	2024 年 4 月第 1 次印刷
书　　号	ISBN 978-7-5504-5586-3
定　　价	58.00 元

献给我的父母

代序

建构以人的发展为核心的价值取向
——读《唯物史观价值取向的当代建构》

唯物史观的科学规律维度与伦理价值维度之间的关系一直是国内外学术界的热议话题。当然，西方哲学史中亦存在经典的休谟"是"与"应当"问题。应当说，对价值的追问是人成为人并超越自然必然性与社会必然性的根本。正如柏拉图对"善"的追寻，儒家传统对"仁"的重视，古仁人志士对价值问题进行了持续而有益的探索。当前国内学术界围绕价值、价值评价、价值观、社会主义核心价值观的讨论可谓方兴未艾。价值客观性与主观性之争、价值普遍性与特殊性（公共性与个体性）之辩、价值观认同路径对策等亟须深入而系统研究。陈新夏适时推出《唯物史观价值取向的当代建构》（以下简称《当代建构》）这一力作，"提出建构以人的发展为核心的唯物史观价值取向的基本思路，为构建科学认识与价值取向相统一的唯物史观当代形态做出前提性的审视"[①] 这一核心思想。《当代建构》系统梳理了马克思主义人的发展理论以及相关思想的演化流变，基于此对唯物史观价值取向进行了全面阐释，无疑对推动唯物史观价值取向研究，乃至当代中国马克思主义理论研究都将助益良多。

一、从主体到现实的诸个体：唯物史观价值取向的逻辑起点

价值问题是马克思关注的核心问题，他本人主要是在政治经济学语境中讨论价值概念，也反对从抽象道德伦理角度批判资本主义，强调唯物史观的科学性。他甚至在《德意志意识形态》中提出著名的"历史科

---

① 陈新夏. 唯物史观价值取向的当代建构 ［M］. 北京：首都师范大学出版社，2021：2.

学""这些前提可以用纯粹经验的方法来确认""在思辨终止的地方，在现实生活面前，正是描述人们实践活动和实际发展过程的真正的实证科学开始的地方"等诸多强调唯物史观客观规律性的科学话语。然而，在马克思、恩格斯在世之时，他们都反对唯物史观庸俗化解读，尤其反对像机械决定论、经济决定论等错误观点。马克思曾反感地说"我不是马克思主义者"，恩格斯更是多次在书信中引用马克思"我不是马克思主义者"言论①。恩格斯曾为正本清源，提出"归根结底意义上的""历史合力论"等马克思主义唯物史观重要思想。因此，不能说马克思、恩格斯不关心乃至漠视哲学价值问题。毕竟价值直接关系着人的自由，也就是说只有人是自由的，才能讨论人的价值问题。"如果对我们人类的生活与行为来说，有应当或不应当的要求与问题，因而有诸如善恶、正义与不义这类伦理价值，那么，必定要有一个前提，那就是：我们并不生活或存在于必然性里，至少我们不仅仅生活于必然性里。"② 走出自然必然性与社会关系必然性，人之自由实现的发展道路内在科学性本身深深嵌入价值问题。

追根溯源，"中国马克思主义价值理论研究是在实践标准讨论引发的思想解放运动中兴起的"③。马克思主体理论、人学学说与价值理论共同发展，并形成研究热潮。"在马克思、恩格斯时期，以人的解放和人的发展为核心的唯物史观价值取向经历了一个从形成逐渐拓展和深化的过程。他们确立了以人的解放和发展为核心的唯物史观价值取向，揭示了人的发展的社会条件，指明了实现人的发展的现实路径以及未来共产主义社会中人的发展的前景，概言之，他们已经确立了唯物史观价值取向主要的、核心的理念，为唯物史观价值取向的当代建构提供了坚实的基础。"④

应当说唯物史观价值取向的确立起始于唯物史观逻辑起点的清晰化，

① 沈湘平，孟子嫣.如何理解马克思所说"我不是马克思主义者"[J].马克思主义与现实，2018（2）：50.
② 黄裕生.论自由与伦理价值[J].清华大学学报（哲学社会科学版），2016（3）：87.
③ 马俊峰.马克思主义价值理论与当代中国价值观念转变[J].高校马克思主义理论研究，2016（3）：20.
④ 陈新夏.唯物史观价值取向的当代建构[M].北京：首都师范大学出版社，2021：92.

即从抽象主体到现实诸个体的明晰过程。迈克尔·英伍德（Michael Inwood）曾在《黑格尔词典》(A Hegel Dictionary)[1] 中对主体概念进行过分析，16世纪德文（das）subjekt 来源于拉丁语的 subjectum，意思是句子里面的主语。在其哲学意义上，(das) subjekt 受到亚里士多德使用的 hypokeimenon（构成……的基础）的影响。hypokeimenon 包含三个意思：①一些事物组成或形成的一定东西。②属性的本质或持有。③谓语的逻辑主语，不仅仅是特指人作为主语。因此，概括来说 (das) subjekt 的哲学内涵主要包括：①和本质类似，表示状态和行为的主体。②句子的逻辑或语法主语，命题或判断。③人类心理状态或过程的主观形式，侧重个人的癖好。④认知主体，相对于认知客体。⑤行动主体或行为的表现者，在黑格尔这里变现为道德主体。所以，(das) subjekt 在不同的语境，意义就会不同，不能把人直接等同于主体，也不能把主观与主体直接等同起来，这样会造成很多麻烦。

黑格尔对知识主体的探讨引入了历史主义，扬弃了康德的先验主体，将理性本身的规律展现为理性在自己外化的历史过程中认识自身。马克思继承了黑格尔历史主义的思维方式，用现实的诸个体替代了黑格尔的绝对精神。最早在《黑格尔法哲学批判》中，马克思就批判了黑格尔的神秘主义，把现实的诸个体理解为理性的规定性。通过采用费尔巴哈对黑格尔宗教批判的方法，马克思重新为现实的诸个体找到了主体位置。

马克思强调社会存在是人的内在本质的外化，循着这样的思路我们也能认为马克思的价值理论应该建立在人的内在本质外化的基础之上。毋宁说，价值理论不是外在于马克思的唯物史观的独立学说，而是内嵌于唯物史观。在《关于费尔巴哈的提纲》中，马克思曾明确指出"人的本质并不是单个人所固有的抽象物。在其现实性上，它是一切社会关系的总和"。人的本质不是抽象思维产物，相反是通过现实社会生产活动真正表现出来的。同样，现实性的社会关系并非作为先验性存在而界定人的本质，因为社会关系是产生于满足需要的社会生产过程。人的社会生

---

① INWOOD M. A hegel dictionary [M]. Oxford: Blackwell Publishers, 1992: 280.

产活动实质上要求人的社会自由蕴含于社会生产之中，并能被人理解为人类历史中的社会发展规律。正因为人的本质呈现于人的历史之中，只能通过探寻作为历史性存在的人本身，从而为历史性存在的人类活动确立社会规范。因此，全面系统阐释唯物史观的合规律性和合目的性，既可以"揭示社会发展的规律、机制和路径"，又能够"设定社会发展的方向、目标和原则"。那么，"社会发展规律如何与理想的社会目标关联起来"① 则是唯物史观价值取向建构的核心问题。

二、人的发展：唯物史观价值取向的核心

社会发展是人本身的发展，是现实的诸个体的本质展现过程。这个过程形成人类发展的历史。马克思并非把社会发展理解为某种狂想，某种浪漫主义式的幻想。相反，马克思发现了社会发展过程内在的规律。这个规律是内在于社会发展过程中的，是不以人的意识为转移的。"人们的社会历史始终只是他们的个体发展的历史，而不管他们是否意识到这一点。他们的物质关系形成他们一切关系的基础。这种物质关系不过是他们的物质的和个体的活动所借以实现的必然形式罢了。"② 正是基于这个规律的发现，马克思恩格斯才会把自己的社会主义命名为科学社会主义。社会历史发展中的规律包含着规律的两个维度③。这两个维度分别为横向的社会结构性的动力作用机制以及纵向的社会发展作用机制。社会发展的横向规律指的是同一个社会形态下社会发展的规律。社会发展的纵向规律则是指不同社会形态下的转型或变迁的规律。"发展的原则包含一个更广阔的原则，就是有一个内在的决定、一个在本身存在的、自己实现自己的假定作为一切发展的基础。这一个形式上的决定，根本上就是'精神'，它有世界历史做它的舞台、它的财产和它的实现的场合。"④ 马克思设定的是人要自我实现，人本身的发展就说明了人一定能够实现

---

① 陈新夏. 唯物史观价值取向的当代建构 [M]. 北京：首都师范大学出版社，2021：288.
② 马克思，恩格斯. 马克思恩格斯选集：第4卷 [M]. 北京：人民出版社，1995：532.
③ 安启念对唯物史观进行了持续性的研究，一直在寻找唯物史观内部的作用机制，其提出的马克思唯物史观的两个维度思想颇具启发性。参见：安启念. 马克思唯物史观思想的两个维度 [J]. 中国人民大学学报，2011，25（2）：6.
④ 黑格尔. 历史哲学 [M]. 王造时，译. 上海：上海书店出版社，2006：50.

真正的社会的联合，人的本质性的真正实现。

人的本质实现要求人能不断超越自然必然性与社会偶然性，其内在动力来源于人的创造性。"就康德而言，创造性是对知觉世界的认识论创造；对黑格尔来说，这是精神在社会历史中的自我展开；而在马克思看来，这是政治经济学的制度和社会关系的创造。"① 这种创造性本身不是一种先验性，而是在人的现实中创造出来的。"我们的出发点是从事实际活动的人，而且从他们的现实生活过程中还可以描绘出这一生活过程在意识形态上的反射和反响的发展。甚至人们头脑中的模糊幻象也是他们的可以通过经验来确认的、与物质前提相联系的物质生活过程的必然升华物。"② 社会发展本身是可以用经验科学解释的，然而，马克思理解的经验科学并非传统意义上的经验主义。"只要描绘出这个能动的生活过程，历史就不再像那些本身还是抽象的经验主义者所认为的那样，是一些僵死的事实的汇集，也不再像唯心主义者所认为的那样，是想象的主体的想象活动。"③ 所以，马克思并非反对经验论，而是反对抽象经验主义，即把历史看成僵死的事实的汇集的那种观点的经验论。因为他们把历史事实仅仅看成结果性事实，并没看成人的事实，没有看到主体活动。历史事实失去了因果性，没有了生命力，僵化了，人也就成为抽象性的存在，固化的人，而不是有生命力的现实的个人。

社会发展的规律与社会发展的目的似乎是在相互矛盾的范畴。实则不然，因为社会发展本身的规律是社会目的实现过程中体现出来的规律。社会发展的目的无疑是自由人的生成，这是历史发展的必然。"黑格尔将发展看成是一种运动原则的必然展开；马克思和黑格尔的区别是：后者把这种原则看成是观念运动的某种独特合法性，而前者则是把这种原则看成是对社会生活发展的制约性。"④ 黑格尔在讨论法哲学时思考的是意

---

① 麦卡锡. 马克思与古人：古典伦理学、社会正义和19世纪政治经济学 [M]. 王文扬，译. 上海：华东师范大学出版社，2011：216.

② 马克思，恩格斯. 马克思恩格斯文集：第1卷 [M]. 北京：人民出版社，2010：525.

③ 同②：525–526.

④ 库诺. 马克思的历史、社会和国家学说 [M]. 袁志英，译. 上海：上海译文出版社，2006：681.

识逻辑在现实世界中如何展开的问题，即自我意识如何在现实中回到自身的应然性问题。马克思则发现了人在现实社会中的真正不自由，进而深刻地思考现实的个人如何获得真正的自由。历史必然性并非机械论式人之外的必然性，因为历史必然性只有通过人的实践活动才能真正实现。社会主义作为人之外的规律会自然实现只能是一种假想。因此，社会主义不是一种宿命论式外在规律，而是人类社会实践的必然结果，内在于人的发展的历史进程。

马克思本人也反对把社会理解为高于个人的一种实际存在。"首先应当避免重新把'社会'当作抽象的东西同个体对立起来。个体是社会存在物。因此，他的生命表现，即使不采取共同的、同他人一起完成的生命表现这种直接形式，也是社会生活的表现和确证。"① 马克思理解的个人本身就是社会化的个人，社会是个人的本质表现，个人与社会之间并不存在天然的分割。人与自然的关系，以及人与人之间的关系，都充分证明了人的社会性存在。"人们在生产中不仅仅同自然界发生关系。他们如果不以一定方式结合起来共同活动和互相交换其活动，便不能进行生产。"② 所以生产本身就是社会性的，那种把生产力仅仅理解为人与自然的关系的看法是不正确的。"生产，就这样作为主体间性的、历史的协动的对象性活动，通过这种对象性活动本身，人一方面将自然历史化，另一方面也进行着改变自己的生产和再生产。"③

在社会发展过程中，诸个体的社会生产关系同样表现为不同阶段的历史演化。社会自由的实现与社会生产力发展是相一致的。"在《德意志意识形态》中马克思、恩格斯通过分析人的发展的社会条件，揭示了人的发展的前提和现实途径，即人的自由全面发展有赖于人的彻底解放，有赖于社会关系的合理化，有赖于消灭资本主义制度，有赖于揭示无产阶级解放的条件，有赖于对社会发展本质和规律的正确认识。"自主性是个体所具有的，同样也为诸个体社会生产活动所实现。人类自身的历史

---

① 马克思. 1844年经济学哲学手稿 [M]. 北京：人民出版社，2000：84.
② 马克思，恩格斯. 马克思恩格斯全集：第6卷 [M]. 北京：人民出版社，1961：486.
③ 广松涉. 唯物史观的原像 [M]. 南京：南京大学出版社，2009：53.

由于生产力水平制约，自主性活动与物质性活动处于张力之中。马克思曾认为，只有在共产主义社会"自主活动才同物质生活一致起来，而这又是同各个人向完全的个人的发展以及一切自发性的消除相适应的"①。马克思一直以来都区分了虚假的集体与真实的集体或真正的集体。"从前各个人联合而成的虚假的共同体，总是相对于各个人而独立的；由于这种共同体是一个阶级反对另一个阶级的联合，因此对于被统治的阶级来说，它不仅是完全虚幻的共同体，而且是新的桎梏。"② 虚假的集体都是与各个个人相独立的，这种联合状态是一个阶级对另一个阶级的压迫。真正的社会集体是与各个个人相一致的。集体是个人的集体，个人自由发展的集体。

人的真正发展与虚假的社会繁荣之间的矛盾。人的真正的发展是人的自由发展。在资本主义私有制下，个人之间是分离的，这也造成了个人与人的本质社会性之间的分离。个人创造出来的财富作为人的异化物与人相对立。财富的增加并没有带来人的发展。虽然社会表现出来了繁荣的景象，但那是一种虚假的繁荣，一种与人的发展无关的繁荣，是一部分人的繁荣建立在另一部分人的贫困基础之上的。这是和人的发展无关的，有繁荣无发展的景象。在资本主义制度下，资本本身作为动力同样也会生成丰富需要的个体。生产本身也在生产着人的全面发展。而这造成了由资本造成的生产与人本身内在生成之间的矛盾。资本造成的生产使得人的发展是畸形的发展。因此，"马克思、恩格斯对资本的批判包括对资本家剥削工人的非正义性的批判，对工人因劳动异化而丧失人性和自由的批判，对资本家追求金钱的拜物教的批判，以及对工具理性遮蔽价值理性而导致人的生存片面化的批判等，都包含着马克思鲜明的价值诉求和情感，其中不乏尖锐、辛辣的用词"③。马克思批判的正是这种传统上理解的个人自由的实现问题。在这个思想的假设中以个人自由为逻辑前提，然而，现实的生活却是个人自由的丧失。正是基于这个现实，

---

① 马克思，恩格斯. 马克思恩格斯文集：第 1 卷 [M]. 北京：人民出版社，2009：582.
② 同①：571.
③ 陈新夏. 唯物史观价值取向的当代建构 [M]. 北京：首都师范大学出版社，2021：293.

马克思对古典政治经济学自然合理化的资本主义社会进行了激烈的批判。

以经验现实诸个体的社会生产为核心的唯物史观内在包含着社会发展的规律性与目的性维度。以自由看待发展，以社会自由实现为规定的人的发展建构了唯物史观的价值取向。唯物史观的价值取向为当代中国公共精神建设，尤其是践行社会主义核心价值观奠定了理论基础。

三、从价值到价值观认同：唯物史观价值取向当代建构的现实旨归

改革开放40多年以来，社会经济发展取得了巨大成就，也带来了各种问题、矛盾、冲突。为了解决转型中的诸多问题，社会上一时兴起各种思潮，为社会问题提供解决"药方"。一方面说明了社会的进步，能够宽容各种学说；另一方面社会意识的多元化也带来了信仰的真空甚至历史的虚无。社会意识是一种对社会现实的反思意识，是个人在社会生产生活中找寻自己生命意义的社会历史思想资源。社会意识也是社会变革的共识意识，能够起到凝神聚气的作用。社会主义核心价值观作为一种社会意识，尤其是在全面深化改革新时代的主导社会价值意识，其认同需要建立在满足社会需要的基础上。人民群众的根本需要的满足依赖于公共政策的合理制定与实施。社会发展的特定阶段是由社会生产力决定的，在特定的发展阶段产生了特定的需要结构。不能否认的是社会不同生产方式下存在着不同的社会阶层。如果让不同社会阶层之间进行无序的竞争将会出现"人与人是狼的关系"。因此，必须有效调节不同社会阶层之间的利益平衡。这样就能够使得不同社会阶层之间的利益都能够得到保护并使社会能够有序发展。

人民群众的共同意识本身必须由人民群众的社会实践决定，这种意识必须产生于人民群众的社会实践才具有生命力与说服力。"人们是自己的观念、思想等等的生产者，但这里所说的人们是现实的、从事活动的人们，他们受自己的生产力和与之相适应的交往的一定发展——一直到交往的最遥远的形态——所制约。"① 当代中国市场经济快速发展，要求

---

① 马克思，恩格斯. 马克思恩格斯文集：第1卷 [M]. 北京：人民出版社，2010：524-525.

利益主体明晰，这造成了利益主体的多元化。生产的世界化，交往的世界化，带来了社会意识世界化。社会性意识之间甚至存在激烈竞争。社会主义核心价值观作为思维的客观性并非奠基于其纯粹性与抽象性，而是要在社会发展过程中与其他社会性思潮相碰撞相交锋中证明自身的客观性与合理性。

卢卡奇曾指出阶级意识"既不是组成阶级的单个个体人所思想、所感觉的东西的总和，也不是它们的平均值"①。作为共享性社会意识"不会从大众对其集体身份的朦胧意识中自动地、必然地生发出来，而只能是有人自觉地对后者予以加工和提升的结果。承担此加工提升工作的人，大都是该人群内的精英或准精英分子"②。社会主义核心价值观是中国特色社会主义现代化建设中每一个中国人的社会意识，一种内在于个人的现实社会意识。人的个体主观性意识与个体主观性需要相联系，然而在满足需要的劳动过程中，人的个体主观性意识得到扬弃而成为社会性意识。在社会性意识生成发展过程中，必然伴随着社会意识的激发与培育过程，实乃基于对社会性真实需要的深刻把握。基于此，社会主义核心价值观作为一种社会性意识，其实践性根源于对社会性真实需要的深刻把握。社会主义核心价值观的客观化需要自我意识的自觉与反思，这个过程是随着社会主义实践而不断深入的。"社会主义核心价值观是中国特色社会主义的自我理解与自我建构。"③ 一方面，中国特色社会主义建设不断深化，社会主义核心价值观需要不断再阐释从而能够得到新认同。另一方面，社会主义核心价值观必然会与异质性社会思潮相交锋。在与其他社会性思潮论战与交锋的过程中，社会主义核心价值观得到进一步的丰富与凝练。

马克思在《关于费尔巴哈的提纲》中提到思维观念本身是否具有客

---

① 卢卡奇. 历史与阶级意识［M］. 北京：商务印书馆，2004：126-127.
② 葛剑雄，等. 谁来决定我们是谁［M］. 北京：译林出版社，2013：176-177.
③ 吴向东. 社会主义核心价值观的若干重大问题［J］. 北京师范大学学报（社会科学版），2015（1）：7.

观真理性还需要在实践中来检验。人们价值观念的转变也会给生产力的发展带来新的空间。新的经济发展模式也有赖于人的思维模式的创新。"实践是检验真理的唯一标准"这个大讨论无疑促进了社会生产力的快速发展。"当这些价值观还停留在人们的口头上而没有进入实践领域时，那么这种价值观还只是一种空洞的口号，它还没有获得意义和实质。只有逐渐进入人们的心灵、化为人们的日常行为方式，这种价值观才成为真正的价值观。"① 因此可以说"社会主义核心价值观日常生活化是由日常生活和社会主义核心价值观的内在的必然的联系所决定的，也是我国现阶段社会主义核心价值观建设的现实诉求"②。价值观能够改变人的社会行为方式、交往方式、生产生活方式，总之能改变人的存在本身。"抽象的价值观念只有转化为具体明确的规范，才具有可操作性。制度具有规范性、普遍性和根本性，能有效促进社会主义核心价值观的贯彻落实。制度化是贯彻落实社会主义核心价值观的一个重要环节。"③ 习近平总书记在党的二十大报告中指出，理想信念教育要常态化制度化，社会主义核心价值观要融入法治建设、融入社会发展、融入日常生活。

总之，《当代建构》全面而系统地分析了唯物史观价值取向，为践行社会主义核心价值观奠定了坚实的学理基础。新时代社会主义核心价值观建设既需要考虑到社会阶层分化所带来的观念竞争与博弈、引领与批判，又需要以制度化建设赋能中国式现代化，推进中华民族伟大复兴。如此，人民能够更加坚定历史自信，增强历史自觉，明晰历史方位，把握历史主动，勇担历史使命，从而以具体行动展现社会主义核心价值观。

袁富民

2024 年 2 月

---

① 邱柏生. 试论价值观的形成是一个过程 [J]. 社会主义核心价值观研究，2015 (1)：7.

② 孟迎辉，邓泉国. 社会主义核心价值观与日常生活的内在逻辑 [J]. 社会主义研究，2015 (1)：5.

③ 喻文德. 论社会主义核心价值观的制度化建设 [J]. 中国特色社会主义研究，2016 (2)：6.

前言

在党的二十大报告中，习近平总书记指出："坚持和发展马克思主义，必须同中国具体实际相结合。我们坚持以马克思主义为指导，是要运用其科学的世界观和方法论解决中国的问题，而不是要背诵和重复其具体结论和词句，更不能把马克思主义当成一成不变的教条。"因此，对马克思文本的研究并非不重要，只是不能教条化，寻章摘句式研究。本书以马克思经典文本为依据，系统地研究了马克思新唯物主义中的需要理论，进而为我们更好地理解新时代的美好生活需要提供重要的学理基础。

本书系统地研究了马克思新唯物主义中的需要理论。20世纪80年代以来，学术界曾围绕人学、价值论、社会发展等问题域对需要理论展开持续而深入的研究，却遇到了瓶颈。本书从群体主体的新角度推进了马克思主义人学、价值论等问题域中的需要理论研究，尤其是对马克思主义人学中个体主义与整体主义论争，作为哲学范畴的价值与作为政治经济学范畴的价值之间融贯做了深入探讨。本书从需要理论这一视角，对马克思物质概念内在的社会生产生活本身意蕴进行了全新阐释。辩证唯物主义、历史唯物主义、实践唯物主义主导阐释范式之间以及各自内部之间的论争焦点，即如何处理客观性与能动性、个体性与社会性。本书通过对市民社会批判回返到社会现实本身，通过对社会现实本身的社会生产内在结构分析，洞见到异化、资本作为社会生产内在否定性的特征，尝试构建了融贯的生产逻辑，从而推进了辩证唯物主义、历史唯物主义、实践唯物主义三者有机统一性研究。

本书推进了新唯物主义的历史规律性与历史规范性研究。人本主义逻辑与科学主义（结构主义）逻辑是阐释马克思思想的两大逻辑。学术界曾围绕相关议题出现多次论争，而最近热议的"资本逻辑"、政治哲学的"正义问题"亦可以发现两大逻辑的潜在表达。本书尝试对社会生产内在结构进行深入分析，将早期的"异化逻辑"、晚期的"资本逻辑"纳入"生产逻辑"考察，尝试提出融贯的新唯物主义路径，回应两大逻辑以及"早期马克思""晚期马克思"断裂等相关议题。

本书的创新主要体现在两个方面：

第一，通过深入阐释需要理论，重视市民社会批判这条线索，直面现实的社会生产生活本身。学术界关于新唯物主义的讨论中，虽有学者探讨了市民社会与历史唯物主义的关系，然而，市民社会批判这条线索仍需系统而深入研究。本书探讨了马克思在《德法年鉴》时期，如何利用异化需要发现市民社会的现代性困境，着重分析了马克思从内在主体性向现实群体性人学转化，系统论述了"劳动创造人本身"之社会生产的内在结构，深度阐释了新唯物主义革命的内在逻辑。

第二，以需要理论为中介，将异化、资本作为社会生产内在否定性而融贯于生产逻辑，回应"两个马克思"或者"断裂说"等论断。学术界关于新唯物主义研究形成了异化逻辑、资本逻辑与生产逻辑等不同范式，异化、资本的生成与扬弃问题是难点也是理论困境。本书在人的社会自由现实化的思想脉络中，探讨需要与社会生产的内在联系，着重考察需要辩证法，从而将异化、资本内嵌于社会生产的历史环节，将政治经济学批判作为新唯物主义的微观机制，整体呈现新唯物主义生成的内在逻辑。

理论工作无不体现着理论工作者的个性，然而理论成果同样呈现着社会发展的印迹。本书成稿过程既是对马克思需要理论的系统梳理，也是对时代问题的重新回应，也包含了对不同学者观点的辨析与争论。本书的部分成果得到了北京市社科基金项目"马克思需要理论视域下新时代社会主要矛盾转化研究"（项目编号：18KDB006）的大力支持。本书的部分章节曾经发表在国内诸多期刊，列举如下：第 1 章部分内容发表于《重庆社会科学》2017 年第 8 期；第 2 章部分内容发表于《马克思主义研究》2019 年第 7 期；第 3 章部分内容发表于《教学与研究》2014 年第 7 期；第 4 章部分内容发表于《中南民族大学学报》（人文社会科学版）2019 年第 2 期。

值本书出版之际，再次向《重庆社会科学》编辑张晓月女士、《马克思主义研究》编辑张剑女士、《教学与研究》编辑孔伟女士以及《中南民族大学学报》（人文社会科学版）编辑何海涛先生表示诚挚的谢意。感谢西南财经大学出版社编辑李思嘉女士。在学术探索的道路上，有幸得到诸多师友的帮助，我将铭记于心！

袁富民

2024 年 3 月于六道口

目录

1　导论

　　伟大思想家的伟大之处就在于即使其去世很久，依然会被后来学者反复思考其开辟的思想领域。思想的力量是具有超越历史性的，不拘泥于一定的社会结构状态，不停滞于一定的历史时空。马克思作为"千年思想家"，其思想的穿透力来源于其对社会现实的洞察力。马克思主义是科学还是乌托邦，马克思主义认为历史发展的动力是"铁的规律"还是人的有意识的、能动的社会变革，这里都涉及早期马克思与晚期马克思的关系问题，也就是马克思的整体性问题。马克思的核心概念诸如"社会""历史""异化""资本"等一直都是国内外马克思研究领域的热点。而本书既没有打算对马克思的整体思想进行综合把握，也没有选择马克思主义研究中的热点概念，而是另辟蹊径地选择马克思的需要理论进行分析。究其原因，一则马克思终生的学术旨趣是对资本主义进行批判，而这发端于对市民社会的批判，市民社会的核心概念即为需要；二则马克思的主要批判对象之一是古典政治经济学，需要又是古典政治经济学的核心；三则晚年的马克思在对哥达纲领进行批判时，明确指出未来的社会将是"各尽所能，按需分配"。短短八个字，却包含着丰富的思想，究竟如何理解这八个字的深刻内涵，依然是当今马克思主义政治哲学领域的热门话题。

　　毋庸讳言，马克思并没有对"需要"进行系统阐述抑或是明确定义。但是马克思在《1844 年经济学哲学手稿》中有一个片段讨论私有财产与需要的关系，在《德意志意识形态》中讨论唯物史观的逻辑前提处，讨论了需要作为三个（四个）因素重要组成部分，在《资本论》及其手稿阶段，商品的使用价值就是为了满足需要。马克思关于需要的讨论中设定了理论需要、实践需要、人的需要、激进需要、普遍需要、基本需要、社会需要、肉体需要等概念。如何理解这些概念之间的内在关系，以及这些概念在马克思思想中的地位将是本书的重点内容。进一步地说，虽然对马克思思想的研究著作可谓汗牛充栋，但是从需要概念出发，对马克思思想整体进行研究还是很少。毋宁说从需要这一理论入手对马克思思想的转折变化进行整体把握，无疑还是具有重要意义的。

1.1 何为需要

需要已经成为我们日常用语，我们很少会对需要进行深入的分析，而仅仅是作为约定俗成的交流使用。需要与欲望、想要、需求等在不同的语境下会被同义转换使用。在对人进行生物学意义上的界定时，人的需要与人的欲望具有相同的使用意涵；在对人的行为进行经济学分析时，人的需要作为经济需求来进行界定；在对人的行为进行心理分析时，人的需要被作为心理动机层次来进行讨论。对需要理论进行系统的学理梳理对整个问题的明晰是非常必要的。

1.1.1 需要理论的谱系

在《理想国》的第二卷中，苏格拉底说："在我看来，之所以要建立一个城邦，是因为我们每一个人不能靠自己达到自足，我们需要许多东西。"[①] 接着谈到"因此我们每个人为了各种需要，找来各种各样的人。由于需要许多东西，我们邀集许多人住在一起，作为伙伴和助手，这个公共住宅区，我们叫它城邦。"[②] 在苏格拉底或者柏拉图看来[③]，城邦之所以能

① 柏拉图. 理想国 [M]. 郭斌和，张竹明，译. 北京：商务印书馆，1986：58.
② 同①：58.
③ 关于理想国的真实作者到底是苏格拉底还是柏拉图并非本书的探讨核心，仅从文本可知，城邦的建立过程与人的需要有密切联系。

够建立是因为各个个人不能满足自己的需要。一个城邦最少也需要生产粮食、住房、衣服，也就是说要有农夫、瓦匠、纺织工人。这些工作并非由一个人全部自己完成，而是选择分工合作。其基础就是每个人的性格①不同，适合不同的工作。柏拉图认为满足必然需要的城邦为真正的城邦、健康的城邦。出于人们追求奢侈的需要，城邦会不断扩大，健康的城邦内部的组成人员将会不足以使得城邦继续保持健康状态。这种奢侈的需要就是打破城邦内部平衡的动力，而过程会出现两个可能性结果。其一，如果需要不能够得到合理有效的满足，随着城邦的扩大，就会带来城邦之间的战争，从而城邦的护卫者是城邦所必需的；其二，无论是出于主动进攻的需要还是被动防守的需要，城邦的护卫者对于城邦来说都是必需的。为了保持城邦内部以及城邦之间的平衡，对护卫者的品格的要求"除了秉性刚烈之外，他的性格中还需要有对智慧的爱好"②。所以在柏拉图看来，哲学王的真正需要是对智慧的需要。

亚里士多德在讨论如何定义人性问题时区分了必然与需要。他认为凡是人类作为自然生物必然要求得到满足的生理需要都不构成属人性。这是因为人类生理需要与动物的需要并没有本质区别。所以从事生产满足人类生理需要的活动的人类活动在亚里士多德看来并非属人性活动。亚里士多德认为人类的活动应该是在满足基本的生理需要的前提下，从事更加自由的活动。进而言之，亚里士多德认为生理需要对人性本身构成了威胁，因为人类为了满足这些生理需要会损害其人性本身的需要。人性本身的需要得到满足需要花费更多的自由时间。亚里士多德关于必然与需要的讨论直接启发着马克思在讨论共产主义社会中人类的基本需要满足与自由活动的关系，这一问题留在后面进行详细讨论。

对美好生活的追寻是古希腊伦理学的基本问题之一。人追求很多不同的东西，诸如快乐、荣誉、财富。哪种追求的满足才是美好生活真正必需

---

① 虽然商务印书馆出版的《理想国》将其翻译为了性格，但是更应该翻译为品格，因为其指内在于个人的属性。这和柏拉图设想的人具有不同的内在属性有着内在的联系，如果翻译为了性格则失去了其本真含义。

② 柏拉图. 理想国 [M]. 郭斌和，张竹明，译. 北京：商务印书馆，1986：68.

的呢？针对这个问题有两种不同的回答：一种是以亚里士多德为代表，他认为我们应该追求那些符合我们内在本质的需要，这些需要的满足是根据我们的内在本质；另一种是以犬儒主义、伊壁鸠鲁主义、斯多葛主义为代表，他们认为任何能够满足美好生活的条件，诸如对基本需要的满足，都是值得追求的。当然这些需要也是由人的本质所决定的。

在《圣经新约》使徒行传的团契生活部分，需要作为重要概念第一次与分配联系在一起。至少在这里我们可以发现马克思的"按需分配"并非首创。在中世纪的欧洲，穷人保有一项权利，即向富人要求财富剩余。这依然来自对人的需要与剩余的划分①。17世纪空想共产主义者杰拉德·温斯坦利宣传所有的人类都应该根据其自身能力进行劳动，根据他们的需要进行劳动产品的分配②。近代社会与古代社会的最大区别就是对个人的强调。个人的概念来源于奥古斯丁，其讨论人类的罪恶起源不可能来自上帝，只能来自个人。古代社会讨论的需要一般是指人类作为整体具有的需要，但是近代社会讨论的需要则变成了私人的需要。曼德维尔在《蜜蜂寓言》中虽然没有系统地阐释，但是已经揭示了满足个人的多样需要能够带来国家的繁荣。个人的需要并不一定带来腐化与堕落，相反能够带来集体的繁荣与发展。奇蒂（Chitty）③在博士论文中重点讨论了需要概念在从卢梭到马克思这段哲学史上的地位。从传统上来说，卢梭设定了人的原始和谐状态，人类历史即为人的需要不断满足与不断发展的历史，人类退化为了政治上与精神上的奴隶。奇蒂对这种解释框架进行了重构，他认为卢梭的自尊（amour-propre）概念与需要以及人的自我实现的关系非常密切，人的需要的满足与人的公民身份获得认可，同时也是人的自我实现的展示。

18世纪法国哲学家爱尔维修以人的自然属性为研究核心，把人的需要等

① BRAIN T. Medieval poor law［M］. Berkeley：University of California Press, 1959：33.

② RAGNAR O. Moral based on needs［M］. Lanham：University Press of America, 1995：21.

③ CHITTY A. Needs in the philosophy of history：rousseau to marx［D］. Brighton：University of Sussex, 1994.

同于"肉体感受性",并以此为核心基础建立唯物主义的感觉论。爱尔维修认为"肉体的感受性是我们各种活动、思想、感情以及我们的社会性的唯一原因"①。爱尔维修把人的需要与动物的需要等同起来,试图从这种自然属性出发来寻找人类行为的原因,寻找社会发展的规律。这种观点的弊端在于:第一,没有看到人的需要与动物的需要的不同,仅仅从人的生物属性出发,忽视了人类文明对人的需要的影响。第二,没有区分出来物质需要与精神需要的不同,各种需要之间存在的质的不同,把不可化约的需要进行了强行化约。第三,对个体需要与社会总体需要之间的区别没有进行详细分析。

在康德之后的德国哲学家们都在寻找理论理性与实践理性的融合道路问题,黑格尔作为德国古典哲学的集大成者。从某种意义上说,黑格尔对德国古典哲学的贡献就是充分利用了辩证法。黑格尔思想中的人不仅仅是现实的个体,更是思维主体的历史设定,在讨论历史运动的动力时,黑格尔认为"人们的需要和欲望可以说是目的的最切近例子。它们是机体内感觉到的矛盾,这矛盾发生于有生命的主体本身内部,并引起一种否定性的活动,去对这种还是单纯的主观否定(矛盾)加以否定。需要和意欲的满足恢复了主观和客观之间的和平。因为那客观的事物,只要矛盾尚存在,或只要这意欲尚未满足,虽仍站在对方或外面,但通过与主观性相结合,便同样会抛弃它的片面性"②。在《法哲学原理》中,黑格尔讨论了逻辑在现实社会中应该如何运转的问题。这里,黑格尔区分了动物需要与人的需要的不同,看到了人的需要满足方式的历史性。人的需要是通过人的劳动来满足的,这一过程中发生了人与人之间的关系。"动物用一套局限的手段和方法来满足它同样局限的需要。人虽然也受这种限制,但同时证实他能越出这种限制并证实他的普遍性,借以证实的首先是需要和满足需要手段的殊多性,其次是具体的需要分解和区分为个别的部分和方面,后者转而成为特殊化了的,从而更抽象的各种不同需要。"③

① 北京大学哲学系外国哲学史教研室. 18 世纪法国哲学 [M]. 北京:商务印书馆,1963:496.

② 黑格尔. 小逻辑 [M]. 贺麟,译. 北京:商务印书馆,1980:389.

③ 黑格尔. 法哲学原理 [M]. 范扬,张企泰,译. 北京:商务印书馆,2009:205.

黑格尔是在市民社会中重点阐述了需要问题，为此他专门设立了"需要的体系"这一市民社会的第一个环节。"通过个人的劳动以及通过其他一切人的劳动与需要的满足，使需要得到中介，个人得到满足——即需要体系。"① 黑格尔的需要概念同样具有螺旋上升的意义，也就是说自然需要通过社会需要最终达到精神需要的层次。个体的自然需要只能是粗陋的特殊需要，只有经过了与他人的需要的相互确证，成为社会需要，才得到了普遍性。为了弥合特殊需要与普遍性需要之间的关系，黑格尔设定了精神需要作为两者的真正主体。精神需要其自身的运动，从而消除了特殊需要与普遍性需要之间的隔阂。马克思利用黑格尔辩证法的同时抛弃唯心主义，从而真正建立了自己的历史唯物主义。弗雷泽②重新分析了黑格尔与马克思如何利用辩证法讨论需要问题，以此回应现代需要理论家们对普遍需要与特殊需要的讨论。马克思在某种意义上说就是基于对黑格尔的需要概念的讨论，构建自己的整个理论体系的③。

1.1.2 需要理论的界定

现代西方需要理论研究的方法可以总结为一句话：A 需要 X 去做 Y。这主要是受到分析哲学的影响。当然，现代需要理论家（need-theorists）持续关注的核心问题依然是需要理论在伦理学④与政治哲学⑤讨论中的地位。1998 年与 2005 年，布洛克（Gillian Brock）和瑞德（Soran Reader）分别出版了关于需要理论的论文集。布洛克（Gillian Brock）在《必要的善》⑥中重点讨论了四个问题，分别是：①哪些需要具有伦理、政治重要

---

① 黑格尔. 法哲学原理 [M]. 范扬，张企泰，译. 北京：商务印书馆，2009：203.

② FRASER I. Hegel and Marx：the concept of need [M]. Edinburgh：Edinburgh University Press，1998.

③ 洛克曼. 马克思主义之后的马克思：卡尔·马克思的哲学 [M]. 杨学功，徐素华，译. 北京：东方出版社，2008.

④ READER S. Needs and moral necessity [M]. New York：Routledge，2007.

⑤ HAMILTON L. The political philosophy of needs [M]. Cambridge：Cambridge University Press，2003.

⑥ BROCK G. Necessary goods：our responsibility to meet others' needs [M]. Lanham：Rowman & Littlefield，1998.

性？②需要产生了什么样的道德责任？如何为这些主张进行辩护？③哪些考虑能够帮助忽略需要概念重要性的人改变其固有认识？④如何减轻怀疑主义对需要在伦理政治中的作用？正如瑞德（Soran Reader）所说，需要理论家的工作使得他们对自己的工作越来越自信，从而改变了关于需要讨论的侧重点。在 2005 年出版的《需要哲学》① 中，需要理论家的问题意识已经变成了：①在权利、利益、需要同时成为政治学核心概念的时候，为什么需要受到了忽视，那些人犯了什么错误？从问题的表述就能看出自信心的增长。②在伦理、政治哲学讨论之外的需要概念的一般性意义，需要的根本本质是什么？与人的本质的关系是什么呢？③我们如何制定满足关于需要的道德责任？

在对伦理、政治领域中的需要进行界定时，法兰克福（Frankfurt）、库珀（Copp）、威金斯（Wiggins）、多亚尔（Doyal）一致认为凡是并非出于个人自愿、超出个人控制能力，如果得不到满足就会受到损失的需要具有伦理道德力量。在对市场机制进行批判中，市场机制本来是为了满足人的需要而发展起来，但是市场本身却获得了目的性存在意义。自由主义的经济学家们担心如果给予了需要以首要地位，那么个人的自主性与个人权利将会受到损害。在关于经济政策方面，多亚尔（Len Doyal）、高夫（Ian Gough）激烈地驳斥了这种观点②，认为自由主义者只是担心富人的权利受到侵害，而没有看到穷人的自主性正在受着侵害，因为穷人满足自己仅仅为了生存的基本需要，甚至不得不出卖自己的自由。多亚尔在为福利国家的辩护中，先区分了共同体中个人的伦理责任与陌生人的伦理责任，在共同体中个人具有首要的道德伦理责任，但是作为共同体之外的陌生人，集体机构性的组织具有首要的道德责任，福利国家作为道德主体的作用就是满足陌生人的需要，个人通过纳税来尽自己的道德责任，国家重新分配资源，以解决需要损害的问题。

---

① READER S. The philosophy of need [M]. Cambridge & New York：Cambridge University Press，2005.

② 多亚夫，高夫. 人的需要理论 [M]. 汪淳波，张宝莹，译. 北京：商务印书馆，2008.

汤姆森（Thomson）早在 1987 年就出版了专著《需要》①，他认为需要是与欲望不同的，真正的根本的需要得不到满足就会导致人的必然伤害。根本的需要是与人的本质本性等同的、客观的，并且是能够被发现的。这种事实本身就要求了一种道德应当，从而跨越"是"与"应当"的界限。洛维（Lowe）②从行动哲学视角出发，重新阐释了需要作为对一个善的行动的回应，是一个真正的信念，从而超越了"是"与"应当"的界限。布雷布鲁克（Braybrooke）③和阿尔凯尔（Alkire）④关注需要与实现的人的能力问题，借鉴阿玛蒂亚·森的发展理论，认为能力与需要是相互补充的，发展能力是为了更好地实现自主能动性，需要的满足依赖能力的不断提升。

除了上述需要理论的讨论，心理学家也加入了对需要理论的研究，为老问题提供了新思路。马斯洛⑤的需要层次理论最初是在 20 世纪 40 年代提出的，产生巨大的影响则是在 20 世纪 60 年代。马斯洛的需要层次理论的逻辑出发点可以概括为抽象人本主义，在这个理论中需要的层次是被设定的。马斯洛认为人的需要存在五个层次：生理（physiological）需要、安全（safety）需要、归属和爱（belongingness and love）需要、尊重（esteem）需要、自我实现（self-actualization）需要⑥。但是主要问题表现在：第一，人的需要是否如此按照层次进行选择，比如中国历史上不食嗟来之食、为了正义舍生取义，这些都说明人的行为并非严格按照需要层次来进行的。第二就是人的需要分类是否如此清晰，毕竟人的行为是非常复杂的。人们在做行为决策的时候，考虑的因素可能是众多的，是在各种需要之间进行激烈的斗争才做出自己的行为的决定；另外一种理论认为人完全是感性

① THOMSON G. Needs ［M］. London & New York：Routledge & Kegan Paul, 1987.

② LOWE J. Needs, facts, goodness, and truth ［M］// READER S. The philosophy of need. Cambridge & New York：Cambridge University Press, 2005.

③ BRAYBROOK D. where does the moral force of the concept of needs reside and when? ［M］// READERS. The philosophy of need. Cambridge & New York：Cambridge University Press, 2005.

④ ALKIRE S. Needs and Capabilities ［M］//READER S. The philosophy of need. Cambridge & New York：Cambridge University Press, 2005.

⑤ 马斯洛. 动机与人格 ［M］. 许金声，等译. 北京：中国人民大学出版社，2007.

⑥ MASLOW A H. A theory of human motivation ［J］. Psychological Review, 1943, 50（4）：370-396.

的，人的行为并非具有可分析性，人的行为是冲动的结果。第三，马斯洛的需要理论从动机的角度进行分析，并没有做出人的生理需要与动物的生理需要的差异划分，这样人的需要和动物的需要就没有任何差别了，这也是很难让人接受的。

克雷顿·奥尔德弗（Clayton Alderfer）在马斯洛需要层次理论的基础上，通过大量的实证研究，提出 ERG 理论，即生存（existence）的需要、相互关系（relatedness）的需要和成长发展（growth）的需要[1]。一般来说，ERG 理论提出三条原则：第一，需要满足的程度越少，需要的渴望程度越高；第二，低级需要的满足程度越高，高级需要的渴望程度越高；第三，高级需要满足的程度越少，低级需要渴望满足的程度越高。奥尔德弗虽然对马斯洛的需要理论进行了综合概括，并且尝试从实证研究的维度进行证明。然而，ERG 理论仍然存在一些不足之处：首先，ERG 需要理论并没有从根本上超出马斯洛的需要范围；其次，并没有大量的实验研究证明这个理论的普遍性；最后，不同社会环境、文化传统都会影响到需要层次与需要满足的选择行为。即便如此，心理学对需要概念的深入研究也大大提升了对"人"的认识水平。

国内学界对需要理论的界定，主要存在几个不同的理解。首先，需要的外延是人的特有属性还是自然界普遍具有的属性问题。陈志尚、张维祥[2]主张需要是指生命有机体的一种摄取状态，着眼于生存与发展。这种理解一方面强调了生命有机体的属性，而并非仅仅是人类特殊属性，另一方面强调了需要是一种状态，既可以从生理欲望上体现出来，也可以从心理希望、愿望上表现出来。李连科也认为需要表明了"有机物、人和整个社会的一种特殊状态，即摄取状态"[3]。其次，人的需要与动物的需要是有本质的差异，动物的需要仅仅等同为欲望，动物仅仅是根据自己的生理结

① ALDERFER, CLAYTON P. An empirical test of a new theory of human needs [J]. Organizational Behaviour and Human Performance, 4（2）：142 - 175. 更为详细的阐述则是在以下专著中：ALDERFER C P. Existence, relatedness, and growth: human needs in organizational settings [M]. New York: Free Press, 1972.

② 陈志尚，张维祥. 关于人的需要的几个问题 [J]. 人文杂志，1998（1）：20.

③ 李连科. 哲学价值论 [M]. 北京：中国人民大学出版社，1991：79.

构进行行为活动，不具有反思意识，或者说不具有自我意识，那么动物的需要仅仅是动物的欲望。欲望是被生理结构所决定的，是一种必然选择，并不具有自由选择的空间。人的需要则不然，需要是一种反思的结构，人不仅能够超越生物的自然生理需要，人能够设计、创造出自己的自在自为的需要。

而针对需要的属人特性，又存在不同的理解：一是"所谓需要相当于一种愿望、欲念、渴望"①。二是从社会和人的发展视角进行阐述，认为需要"是人们基于社会发展和人的发展状况而产生的对人的存在和发展条件的缺失或期待状况的观念性把握。"② 三是"从需要与对象的关系中，我们可以看到，需要所体现的正是人的生理——心理结构和社会——文化结构所构成的人的整体性存在与周围环境的一种关系，是基于人与环境的不平衡而产生的趋于平衡的一种自觉倾向"③。关于需要的定义并非凭空想象的，而是根据具体的论述问题进行必要的界定，从而使得理论得以清晰。上述关于需要的定义都可以自成一派，但是又或多或少受限于自己的论述问题范围。

需要的主观性与客观性问题是探讨需要本身的重要问题。一部分学者认为需要是人的主观感受并不具有客观性。真正客观的需要是一种普遍的、超历史的需要，即使人的生理需要都并非能够超越历史的界限，因为对人的生理需要的满足是历史的，所以不能简单地说人的生理需要是超历史的；不同的民族、社会都会存在不同的需要，也就是需要的群体性、甚至是个体性。当对不同的需要进行评判的时候很难找到一种唯一的标准进行评判，这就使得需要的普遍性成为不可能，这也是对需要进行相对性理解的理论基础。以李德顺为代表的客观需要论者认为"人、主体的需要不仅是客观的，而且具有无限多的方面和内容"④。针对需要主观论者，李德

① 冯平. 评价论 [M]. 北京：东方出版社，1995：100.
② 阮青. 价值哲学 [M]. 北京：中共中央党校出版社，2004：58.
③ 马俊峰. 马克思主义价值理论研究 [M]. 北京：北京师范大学出版社，2012：43.
④ 李德顺. 价值论：一种主体性的研究 [M]. 北京：中国人民大学出版社，1987：86.

顺认为他们没有弄清楚"需要不同于对需要的意识即'想要'"①。相反，王玉樑则认为"现实生活中的确既有客观需要，也有主观需要。所谓主观需要则是指由主观的情感、兴趣、爱好、认识、信仰等因素所引发的，由主体的意志或意识所决定的需要"②。不同于李德顺、王玉樑等的观点，还有学者认为"需要作为人对物质生活条件和精神生活条件的直接依赖，它的内容必定是物质的、现实的、客观的。不同的社会历史条件决定着、制约着人们不同的需要。当然，如果只承认人的需要的客观基础，看不到它的主观性，就不能说明人的需要与动物的需要的根本区别，就不能说明人的需要的特点，这样就会走上机械唯物主义的老路"③。质言之，在需要的主客观讨论背后隐藏着的是需要普遍性与特殊性之争，以及以需要为标准的道德伦理价值判断是否站得住脚的问题。

在对需要问题进行动态思考的论域，需要被分为需要本身与满足需要的客观方式。建立在需要基础上的社会发展理论，认为社会发展是为了满足人的需要。这是没有错的，但是部分学者把需要与个人利益混为一谈，认为以需要为出发点就是承认个人利益的首要性，强调了需要利益的特殊性，忽视了需要的普遍性，造成了不必要的混乱。黑格尔在《法哲学原理》中第三篇伦理部分第二章市民社会第一节讨论需要体系，认为市民社会就是为了满足个人的需要，个人的需要具有差异性并且要通过市场这个中介才能实现需要。个人的需要是具体的需要，其形式表现为抽象的需要。在黑格尔看来，市民社会的最后发展都是为了实现政治国家，所以市民社会的个人需要满足过程呈现为历史过程。需要不是永恒不变的，新的需要产生于社会发展过程，满足需要的形式也是变化的。"人的需要是在一定的物质条件下产生的，而这种需要被人所感知所反映就形成了一定的欲望、动机和目的，在欲望、动机和目的的驱使下，人们为满足这种需要而进行着生产实践。"④ 需要的社会性、历史性也早已被国内学术界阐释。

---

① 李德顺. 价值论：一种主体性的研究 [M]. 2 版. 北京：中国人民大学出版社，2007：63.
② 王玉樑. 简论价值哲学研究中的几个理论问题 [J]. 学术研究，2010 (8)：13.
③ 王伟光. 论人的需要和需要范畴 [J]. 北京社会科学，1999 (2)：53.
④ 马捷莎. 对人的需要属性的思考 [J]. 教学与研究，2006 (2)：89.

"最后，在资本主义生产方式下，生产达到了这样的高度，以致社会不再能消费所生产出来的生活资料、享受资料和发展资料了，因此绝大多数生产者都被人为地和强制地同这些资料隔绝起来。"① 恩格斯在《自然辩证法》中的上述引文被国内学术界在讨论需要问题时引申推演出了需要的三个层次，即"生活需要、享受需要与发展需要"。毕竟马克思或者恩格斯没有明确论述需要的这三个层次。如果把这三个层次作为马克思需要理论的重点来讨论则有避重就轻之嫌。还有学者对人的需要结构进行了研究认为"人的需要结构包括物质需要、社会交往秩序需要和对人生意义的需要等"②。这种需要结构还根据历史的发展会发生一定程度的变化。

　　纵观需要理论的研究历史，我们可以发现围绕需要进行的讨论主要集中在以下三个方面：第一，人的需要是普遍的还是特殊的，或者是否存在普遍性的需要；第二，人的需要本身是否具有层次、结构，需要的满足在不同的社会发展阶段，不同的社会文化背景下是否具有可以通约的可能；第三，需要能否作为社会伦理道德价值判断的标准尺度，人的发展与社会发展与人的需要之间的内在联系。正如前所述，马克思的问题意识集中在对古典政治经济学的批判，为超越资本主义社会寻找出路。本书讨论的是马克思的需要概念，借鉴国内外学者对马克思需要概念的研究成果，笔者将重点讨论马克思关于需要与人的本质的关系、需要与价值、需要社会发展的关系问题。

1.2　研究现状

1.2.1　国外研究现状

　　需要理论的重要性早已受到国外马克思研究者的重视。可以说在讨论马克思理论的各个方面都涉及了需要理论，尤其在关于人的本质、社会历

---

① 马克思，恩格斯. 马克思恩格斯选集：第 3 卷 [M]. 北京：人民出版社，1972：572.
② 李淑梅. 人的需要结构及其历史发展 [J]. 教学与研究，1999（8）：25.

史理论等方面的著作中。奥尔曼在《异化：马克思论资本主义社会中人的概念》中认为"在马克思的著作中，'需要'总是与作为手段的'力量'联系在一起，通过需要人们能够意识到力量存在"①。奥尔曼认为马克思对人进行了二元划分：一方面是作为自然人的需要与力量，另一方面是作为类的需要与力量。可以判断出来，奥尔曼认为马克思存在一个人本主义的规范性人的概念。马尔库什认为马克思通过劳动把人与动物区分开来，进而可以推论出四个重要的结论。"人的每一个行为在其自身中已经预设了存在着一个需要，它决定着这个正在进行的活动。"② 接着，马尔库什讨论了需要与能力、需要与劳动的关系、需要的历史性与社会性等方面。利奥波德（Leopold）也有类似观点，认为需要在人的本质与人的发展之间起到联结的作用。"我不是实质性的考虑青年马克思人的本质思想，而是重点转向人的发展的条件，尤其是马克思讨论的需要概念作为间接方式。"③利奥波德认为只有超越了人的动物属性的需要才是实现人的发展的需要，也只有这样才是符合人的本质的需要。奇蒂④认为早期马克思是从人的本质活动普遍性出发，论证人的需要是人的根本动力。接着对比资本主义的私有制下的劳动与交换行为，自我需要作为一种与他人割裂开来的需要统治了人，人不再是自由的存在而是在人的创造物的统治下。这种需要是一种异化的需要。

马尔库塞在马克思的基础上提出了真实需要与虚假需要的理论。他认为"我们可以把真实的需要和虚假的需要加以区别。为了特定的社会利益而从外部强加在个人身上的那些需要，使艰辛、侵略、痛苦和非正义永恒化的需要，是'虚假的'需要；而真实的需要符合这样的标准：最充分地

---

① 奥尔曼. 异化：马克思论资本主义社会中人的概念 [M]. 王贵贤，译. 北京：北京师范大学出版社，2011.

② 马尔库什. 马克思主义与人类学 [M]. 李斌玉，孙建茵，译. 哈尔滨：黑龙江大学出版社，2012：18.

③ LEOPOLD D. The young Karl Marx：German philosophy，modern politics，and human flourishing [M]. Cambridge：Cambridge University Press，2009：226.

④ CHITTY. The early Marx on needs [M]. London：Radical Philosophy，1993：64.

利用人类现有的物质资源和智力资源，使个人和所有个人得到最充分的发展。"① 借助真实需要与虚假需要这对概念，马尔库塞对资本主义社会进行了激烈的批判。更为晚近的鲍德里亚提出的"基本需要"与"欲望需要"这对核心概念，从而对消费社会进行了批判。最新兴起的生态马克思主义都是基于对马克思需要概念与消费概念的分析，构建其理论体系的。生态马克思主义者威廉·莱易斯洞悉了现代工业社会的发展困境，找出了替代方案——"较易于生存的社会"。他认为"较易于生存的社会，是把工业发达的各个国家的社会政策综合在一起的社会，其目标就是降低商品作为满足需要因素的重要地位和按人口平均计算需要的能源及物质降到最低限度"②。

上述著作对需要的讨论仅仅是根据其问题的需要，并没有对马克思的需要理论本身进行专门论述。而对需要理论的专门论述中不得不提的就是赫勒（Heller）与弗雷泽（Fraser）。赫勒（Heller）的《马克思的需要理论》（*The Theory of Need in Marx*）可以说是对马克思需要理论研究的第一本也是非常重要的专著。国内外学术界已经有人专门研究赫勒对马克思需要理论的理解③。赫勒对马克思需要理论的理解④可以概括为三个主要方面。

第一，赫勒认为马克思的需要理论不是一个经济学范畴，而是一个历史哲学范畴、人类学价值范畴，所以并非没有对需要进行经济系统框架内界定⑤。为此，赫勒专门考察了马克思基于需要理论的如下三个观点：①工人出卖给资本家的不是其劳动而是其劳动力；②详细的剩余价值理论，以及作为其现象的利润、利息以及地租理论；③使用价值的重要性的发现。

---

① 马尔库塞. 单向度的人 [M]. 刘继，译. 上海：上海世纪出版集团，2008：6-7.

② 阿格尔. 西方马克思主义概论 [M]. 慎之，等译. 北京：中国人民大学出版社，1991：484.

③ 国内学者李晓晴的《激进需要与理性乌托邦：赫勒激进需要革命论研究》、衣俊卿的《人的需要及其革命——布达佩斯学派的"人类需要论"述评》、肖虹的《激进需要及基本需要的革命——对阿格妮丝·赫勒人类需要理论的解析》；国外学者 M A Lebowitz 的 *Heller on Marx's concept of needs* 以及 Mehmet Tabak *Political Theory of Karl Marx* 在人的需要部分同样借鉴了赫勒的思想。

④ HELLER A. The theory of need in Marx [M]. New York：St. Martin's Press，1976.

⑤ 同④：27.

第二，赫勒敏锐地发现了马克思试图基于人的"需要丰富性"这个概念进行的纯粹哲学建构。马克思一直想为纯粹哲学建构寻找经验基础，这也是为什么马克思会使用人的本质这一概念。接着赫勒详细论述了马克思如何分析资本主义社会的异化需要。这共分为四个方面：手段与目的的关系、质与量的关系、贫困化、利益①。

第三，赫勒发展了马克思的激进需要思想。赫勒认为激进需要是资本主义需要结构的内在组成部分，如果没有激进需要，资本主义将丧失功能。因此，激进需要不可能从资本主义中清除掉。它们不是未来社会的胚芽，而是资本主义形式的组成部分。激进需要不能超越资本主义，而是其满足方式②。为了说明资本主义社会向未来社会过渡不是一个自然的因果过程，也就是对科学主义马克思主义的驳斥，赫勒认为马克思思想中存在的两种矛盾理论。一种是生产力与生产关系的矛盾，一种是资本主义社会中发达的商品生产的矛盾。接着赫勒具体讨论了资本主义社会中的四对特殊矛盾：自由与必然、必然与偶然、目的论与因果论、富裕与贫困。在讨论资本主义向社会主义过渡的时候，赫勒认为"转变的必然并非由自然因果律决定，而是由激进需要决定"③。

在传统的普遍需要与特殊需要的讨论中，强调需要的普遍性受到相对主义，历史主义甚至文化霸权主义的攻击，特殊需要则受到来自本质主义以及虚无主义的诘难。弗雷泽④正是在这样的问题背景下，重点考察了黑格尔与马克思的需要概念。弗雷泽与众不同的地方就是利用黑格尔与马克思的辩证法来讨论需要问题。"关于高级需要的讨论再次确证了前面几章马克思在资本主义体系内对需要的形式理解。当人为了满足自己的'自然需要'，把自己当作商品提供到市场上时，人的需要的环节出现了。这些能够得到实现以'自我需要'这种异化的方式或者成为自我增殖的环节。

---

① HELLER A. The theory of need in Marx [M]. New York：St. Martin's Press, 1976：48.

② 同①：76-77.

③ 同①：84.

④ FRASER I. Hegel and Marx：the concept of need [M]. Edinburgh：Edinburgh University Press, 1998.

当一定的人类活动设定了对资本主义体系的威胁，这样人的需要采取激进需要的形式。通过分析这些形式能够揭示这些现象的内在联系。"①

弗雷泽重点与赫勒展开了争论，基本上对赫勒理解的概念都进行了批判。他认为赫勒的需要阐释缺乏对形式的关注。对自然需要这个概念，赫勒认为人的自然需要与动物的自然需要具有本质的不同，弗雷泽则认为赫勒理解错误。因为人与动物的确共同具有一些自然生物属性的需要。第二，赫勒只看到了自然需要在不同社会之间的不同性，而没有看到社会内部也会存在自然需要的不同②。对于必然需要概念，赫勒认为马克思在《政治经济学批判（1857—1858 年手稿)》中的必然需要概念与自然需要概念具有相同的意思，在《资本论》中则意思不同③。赫勒认为马克思在《政治经济学批判（1857—1858 年手稿)》中必然需要就是个人降低到自然个体的需要，这样必然需要也就等同于自然需要。弗雷泽认为必然需要已经包含着社会历史发展的因素，根据马克思经常列举的饥饿例子，弗雷泽批判了赫勒的观点。他认为必然需要是自然需要的形式，而这个形式取决于真正财富的发展水平。

弗雷泽认为，在《资本论》中，马克思并没有使用必然需要（Nothwendige Bedürfnisese）这个概念，赫勒所谓的必然需要（Nothwendiger Lebensmittel）概念仅仅是翻译的问题。弗雷泽认为 Nothwendiger Lebensmittel 应该翻译为必然的存在工具。存在工具与自然需要相连接，必然的存在工具则是与劳动力价值相联系。自然需要可以通过多种劳动工具获得满足，而劳动力的价值则等同于必然的劳动工具。对于奢侈需要，赫勒认为取决于人数的多少，没有特殊产品占据奢侈品的质的规定性④。弗雷泽认为奢侈品则是在不同社会条件下而不同，仅仅是排除在工人阶级之外的产品。针对社会需要概念与真正社会需要概念，赫勒认识到了马克思尝试做出这一划分，但

---

① FRASER I. Hegel and Marx：the concept of need ［M］. Edinburgh：Edinburgh University Press，1998：159.

② 同①：126-127.

③ HELLER A. The theory of need in Marx ［M］. New York：St. Martin's Press, 1976：33.

④ 同③：37.

是她把真正的社会需要与必然需要等同起来。在对赫勒进行批判的过程中，弗雷泽也考察了莱博维奇（Michael Lebowitz）的观点。莱博维奇认为马克思关于工人对消费品的需要有三个层次：生理需要、必需品以及社会需要。生理需要主要指维持劳动力所必需的；必需品则是指由人的生活习惯与习俗决定，包含社会历史因素；社会需要则是指工人作为全面发展的社会的人所决定的①。莱博维奇还根据"社会需要（SN）与必需需要（NN）之间的差距是工人贫困程度的度量，是工人被剥削和贫困程度的尺度"②，提出了"贫困化程度"概念。弗雷泽认为赫勒与莱博维奇各执一端，既不同意赫勒把必然需要与真正社会需要等同起来，也不同意莱博维奇把社会需要作为超越必然需要的界定③。他认为社会需要是指在一定经济结构体系中的"有效购买力需要"，真正的社会需要作为潜在的需要是在其他的经济条件下实现的需要。

针对马克思需要概念的两种误解，即认为马克思用普遍需要优越于特殊需要以及马克思二者的混淆使用，弗雷泽通过对需要的辩证理解，发现了普遍需要与特殊需要之间的内在关系。弗雷泽着重论证了人的需要超越自然需要的必然性而达到真正的自由王国以及技术在这个过程所发挥的作用④。弗雷泽认为马克思用自我的需要与社会需要之间的冲突指示资本主义社会的需要结构。在资本主义社会，个人之间的关系已经不再是人与人之间的关系而是变成了相互之间为了满足自我需要的工具。人的需要只有在共产主义社会才能得到满足。弗雷泽认为马克思关于"人的需要"概念应该包含三层意思：自我实现、创造性劳动以及从必然中获得自由。自我实现是一种他人不再是人实现自我的工具，不再是一种受制于外在的强迫，而是相互承认为人的必要中介。自我实现是为了人，不再是为了物，也不是为了特殊的目的。

---

① 莱博维奇. 超越《资本论》：马克思的工人阶级政治经济学［M］. 2 版. 北京：经济科学出版社，2007：54.

② 同①：57.

③ FRASER I. Hegel and Marx：the concept of need［M］. Edinburgh：Edinburgh University Press，1998：135.

④ 同③：143.

人类的自我实现正是通过他们的创造性劳动。只有在共产主义社会，人的劳动才是自己本质力量的对象化，超越了自我的需要，克服外在的必然性，达到自由的王国。"马克思对不同社会需要形式的强调，意味着他并没有假设一个普遍需要概念。相反，他考察了自然需要的形式，假设和推断了这些形式之间的内在联系。"① 这种辩证的方法主要是针对索珀（Kate Soper）与阿奇博尔特（W. P Archibald）对马克思的解读。索珀认为马克思一方面强调需要的社会历史性，一方面强调人的需要全面发展的绝对性，造成了内在的紧张关系②。阿奇博尔特认为马克思区分了需要与想要，认为需要是连接了人的自然物质特性，是人的本质体现，想要则是人的意识想象，两者之间有着本质的不同③。弗雷泽认为"分析需要形式能够掌握合理理解马克思需要概念的关键。马克思把需要理解为辩证的运动过程，通过人在这个世界上的自我劳动。"④

最后，针对马克思的激进需要概念，弗雷泽既不同意赫勒的观点也不同意莱博维奇的意见，提出了第三种解读方案。马克思的激进需要概念首先是在《〈黑格尔法哲学批判〉导言》中提出来的。赫勒认为激进需要只能在生产者联合体中实现而不是资本主义社会⑤。弗雷泽借此认为这种理解将把争取更高工资的策略视为无效，因为争取更高工资的运动依然是在资本主义的框架内进行斗争。弗雷泽甚至还认为赫勒理解的激进需要载体并非工人阶级，即使工人阶级能够推翻社会秩序⑥。与此同时，弗雷泽认为莱博维奇抓住了马克思对工资斗争的有限性与积极作用的双重确定。莱博维奇认为工人阶级是激进需要的拥有者，因为工人具有控制自己的劳动和劳动产品的使用。弗雷泽认为这两种理论是各执一端，把工人作为生

---

① FRASER I. Hegel and Marx：the concept of need ［M］. Edinburgh：Edinburgh University Press，1998：152.

② SOPER K. On human needs：open and closed theries in a Marxist perspective ［M］. Brighton：Harvester Press，1981：213.

③ ARCHIBALD W P. Marx and the missing link：human nature ［M］. Atlantic Highlands：Humanities Press，1989：93.

④ 同①：153.

⑤ HELLER A. The theory of need in Marx ［M］. New York：St. Martin's Press，1976：94-95.

⑥ 同①：154.

产者与消费者分离出来。马克思理解的激进需要是把生产与消费作为一个整体来思考的①。

马克思当时思考的背景依然是找到理论与实践之间的沟通桥梁。"哲学把无产阶级当作自己的物质武器，同样，无产阶级也把哲学当作自己的精神武器；思想的闪电一旦彻底击中这块朴素的人民园地，德国人就会解放成为人。"② 激进需要既需要精神理论又需要物质基础，"批判的武器当然不能代替武器的批判，物质力量只能用物质力量来摧毁；但是理论一经掌握群众，也会变成物质力量。理论只要说服人，就能掌握群众；而理论只要彻底，就能说服人。所谓彻底，就是抓住事物的根本。但是，人的根本就是人本身。德国理论的彻底性从而其实践能力的明证就是：德国理论是从坚决积极废除宗教出发的。对宗教的批判最后归结为人是人的最高本质这样一个学说。"③ 因此，弗雷泽认为激进需要是理论趋于实现自身，实践趋于理论的双向过程。激进需要仅仅是人的需要的一种形式。"激进需要是人的需要的存在形式，是高度的阶级意识的显现。"④ 弗雷泽解读的最大特点即为对需要理解借用了辩证法，不是对需要进行形而上学式的解读，避免了各种需要之间的关系混乱。

1.2.2　国内研究现状

国内学界关于马克思需要理论的研究肇始于"实践是检验真理的唯一标准"的大讨论。围绕着实践这一核心概念，国内学术界开辟出了马克思的人学理论、马克思的价值哲学向度。在这一过程中，讨论的重点集中于人的主体性、价值本质、人的发展等问题，内在于这些核心问题中需要理论不可避免地受到关注。与此同时，国外心理学关于需要的研究也被传入国内，尤其是马斯洛的需要层次理论。这些研究都为推进马克思的需要理

---

① FRASER I. Hegel and Marx：the concept of need［M］. Edinburgh：Edinburgh University Press，1998：155.

② 马克思，恩格斯. 马克思恩格斯全集：第3卷［M］. 北京：人民出版社，2010：214.

③ 同②：207.

④ 同①：159.

论研究做出了积极贡献。虽然经过了 30 多年的研究与探索，马克思需要理论的三个核心方面依然没有得到普遍共识。毋宁说在需要与人的本质、需要在价值哲学中的地位、需要与社会发展的关系都处于瓶颈状态。

首先，学界关于马克思的经典论断"需要即他们的本性"展开了一系列的讨论。通过对这些讨论的梳理，我们可以发现问题主要表现为三个方面。第一个方面是需要与人的本质、本性之间的关系。第一种观点认为"需要是一种人性，但不是人的本质。"① 这种观点认为应该对人性进行科学划分，系统概括出人性的三个层次，即属性、人性、人的本质这三个层次。需要是一种人性，但不是人的根本本质。这种观点还指出了人性（德语 natur）与人的本质（德语 wesen）虽然相互联系但是也相互区别，美中不足之处没有从词源上对两者进行细致研究。第二种观点认为"所谓人的本质、本性，乃是由社会关系的总和决定的、通过人的自由自觉的实践活动而不断产生和不断满足的人的需要。"② 这种观点没有对人的本质概念与人性概念进行区分，认为这两个概念是可以通约的。与此观点相近的一种观点从三个方面对人的需要即人的本质进行论证——即"需要是人的本质的原发性根据""人的需要是区分人和动物的一个根本标志""人的需要是人的本质力量的确证"③。第三种观点是从人的三重生命存在视角对人的本性与人的需要之间的关系进行分析。"人的自然需要产生于并体现着人的自然生命本性的存在和发展，人的社会需要产生并体现着人的社会生命本性的存在与发展，人的精神文化需要则产生于并体现着人的精神文化生命的存在和发展。"④ 第四种观点认为，理解"需要即人的本性"这一论断应该从"人和他的需要都处于永恒的自我生成之途中"⑤。这种观点把需要与

---

① 陈志尚，张维祥.关于人的需要的几个问题 [J].人文杂志，1998 (1)：20.

② 唐凯麟.重读马克思：关于人的本质和人的需要的再认识 [J].衡阳师范学院学报（社会科学），2000 (2)：5.

③ 洪波.需要、消费与人的本质：基于马克思哲学视角的分析 [J].河北学刊，2010 (2)：223-224.

④ 王金宇.人的需要即人的本性：从马克思的需要理论说起 [J].中国人民大学学报，2003 (5)：34.

⑤ 李文阁.需要即人的本性：对马克思需要理论的解读 [J].社会科学，1998 (5)：31.

人都从生成论的视角进行解读。

第二个方面，由于马克思并没有给出关于人的本质的精确定义，在不同文本中又存在不同的表述，如何理解需要概念在马克思不同表述之间的关系问题。在《1844 年经济学哲学手稿》中"而人的类特性恰恰就是自由的自觉的活动"、在《关于费尔巴哈的提纲》中"人的本质不是单个人所固有的抽象物，在其现实性上，它是一切社会关系的总和"以及在《德意志意识形态》中"他们的需要即他们的本性"。赵家祥认为"事实上，人的需要即人的本质这个界定，从某种特定的角度来看，在内涵上比前两个界定更深刻，在外延上比前两个界定要宽泛，它不仅涵盖了前两个界定的内容，而且揭示了前两个界定的原因，在不少方面超越了前两个界定的范围。从这个意义上甚至可以说，人的需要即人的本质这一界定，是对前两个界定的综合"①。赵家祥是从四个方面即人的需要是人的生命活动的内在根据和存在方式、人的需要是人进行劳动创造活动的内在原因和根据、人的需要受多种社会条件的制约和影响、人的需要具有能动性来论证需要是人的本质。

武步成、邢力婵对此提出了不同看法，他们认为"社会劳动是人的本质的第一个层面（人的一般本质）；社会关系是人的本质的第二个层面（人的具体本质）；需要是人的本质的表现形式（反映人的本质）"②。马克思的理论出发点是现实的人，但是并非局限于人的生物特征。马克思超越了以往哲学家对人形而上学式的界定，而是把人的生成放在历史领域。真正的人的生成只能是在人的历史发展之中，并且在一定历史的发展阶段，真正的人才会实现自身。对马克思生成论的漠视，是导致目前学界在马克思人的本质问题上停滞不前的主要原因，本书就将重点在这一思路下，讨论马克思关于人的学说与人的需要之间的关系。

---

① 赵家祥. 马克思关于人的本质的三个界定 [J]. 思想理论教育导刊，2005（7）：24-25.

② 武步成，邢力婵. 对《马克思关于人的本质的三个界定》一文的质疑：与北京大学赵家祥教授商榷 [J]. 山西大同大学学报（社会科学版），2007（3）：1.

第三个方面，人的本质或者本性问题与需要的异化之间的联系问题，这一方面相对上述两个方面受到关注比较少，但也取得了一定的理论成果。李文阁认为"需要的异化'源于'或者同时是人的生成性活动的异化，异化的需要也是在异化活动中呈现出来的"①。需要的异化表现为动物化、贫乏化、病态化与大众化四个方面。与此同时，他还指出了"需要和劳动的异化根本是由于生产资料与劳动者的分离，即私有制"②。到这里并没有结束，"生产力的'低下'才是异化和私有制的最终秘密"③。朱志勇对异化需要或需要的异化进行了概括，认为主要分为：需要的粗陋化、需要的物化以及需要的工具化④。刘秀萍则认为"在私有制条件下，由于劳动的异化、人的对象的异化，使得人的需要也发生异化，呈现出诸多虚幻的矛盾。"⑤ 这些矛盾包括别人的需要与自己的需要的矛盾、需要的精致化与粗陋化的矛盾、对货币的需要与对产品的需要的矛盾。赵长太认为需要的异化表现为三个方面，即"目的与手段的颠倒、质与量的颠倒以及贫困"⑥。

其次，国内学术界围绕需要在价值哲学中的地位问题进行了深入研究。在用于本科生教学的《马克思主义基本原理概论》教科书中对哲学上的价值做出了如下定义。"哲学上的'价值'是揭示外部客观世界对于满足人的需要的意义关系的范畴，是指具有特定属性的客体对于主体需要的意义。"⑦ 价值的客观性问题根据需要概念来界定，"价值的客观性是指它的构成因素——主体及其社会需要和客体及其属性是客观的；客体对主体的意义是客观的，亦即它不取决于人的主观愿望，不以人的意识、意志为

---

① 李文阁. 需要即人的本性：对马克思需要理论的解读 [J]. 社会科学，1998（5）：32.

② 同①：32.

③ 李文阁. 需要的平面化及其消除：马克思关于需要异化的理论 [J]. 求是，1998（2）：17.

④ 朱志勇. "人的需要"与需要异化：马克思《巴黎手稿》需要理论探析 [J]. 河北学刊，2008（8）：31.

⑤ 刘秀萍. 私有财产关系的起源、表现及其社会后果 [J]. 马克思主义与现实，2013（3）：135.

⑥ 赵长太. 马克思的需要理论及其当代意义 [M]. 郑州：河南人民出版社，2008：161.

⑦ 本书编写组. 马克思主义基本原理概论 [M]. 北京：高等教育出版社，2010：79.

转移。"① 也有学者提出不同看法，认为"满足需要论是西方价值哲学中一种重要的主观主义价值论"②。因此，国内学者所持的满足需要论"实质上是一种主观主义价值论的观点"③。针对这种批评，李德顺认为"人、主体固然有主观，但其本质的、主导的方面即'社会存在'，却是客观的。所以我们才能够用'主体的客观性''需要的客观性'来说明价值的客观性"④。

需要的合理性问题是以满足需要论定义的价值哲学的第二个方面。王玉樑认为"主体需要并非天然合理，以满足主体需要界定价值也是片面的"⑤。由于需要的性质而完全否定满足需要论，与此观点相反，袁贵仁认为"人的需要有不同的性质，既有正当的合理的需要，也有不正当的不合理的需要，由此也就决定了价值也有不同的性质，既有正价值，又有负价值"⑥。这样对于何种需要为正价值，何种需要为负价值的问题就自然而然地出现了。李德顺认为"对主体的生存发展具有肯定的作用，或能够按照主体的尺度满足主体需要，即为正价值，反之则为负价值"⑦。

国内价值哲学中以满足需要论为主导，目前的困境主要表现为这种理论依据的核心文本是马克思早期的一段话，即"动物只是按照它所属的那个种的尺度和需要来构造，而人懂得按照任何一个种的尺度来进行生产，并且懂得处处都把内在的尺度运用于对象；因此，人也按照美的规律来构造"⑧。这就引申出了早期马克思的价值哲学概念与马克思政治经济学中的价值概念的分割状态。本书尝试从生成论的视角对需要概念深入分析，从而尝试消除马克思价值哲学与政治经济学之间的分裂状态。

最后，学术界关于需要与社会发展之间关系的问题。如果对问题进行

---

① 袁贵仁. 价值观的理论与实践 [M]. 北京：北京师范大学出版社，2013：6-7.
② 王玉樑. 评价值哲学中的满足需要论 [J]. 马克思主义研究，2012 (7)：65.
③ 同②：67.
④ 李德顺. "满足需要"有何错：答王玉樑同志 [J]. 马克思主义研究，2013 (9)：140.
⑤ 同②：73.
⑥ 袁贵仁. 关于价值与需要关系的再思考 [J]. 人文杂志，1991 (2)：17.
⑦ 李德顺. 价值论 [M]. 北京：中国人民大学出版社，2007：79.
⑧ 马克思，恩格斯. 马克思恩格斯全集：第3卷 [M]. 北京：人民出版社，2002：274.

细化，这里面又会涉及需要与生产之间的关系、需要与生产之间关系在社会发展中的作用机制以及功能。第一种观点，认为需要决定生产，持这种观点的学者在马克思的文本找到的理论根据是"需要，也就是创造出生产的观念上的内在动机……生产的对象，把它作为内心的图像、作为需要、作为动力和目的提出来。……没有需要，就没有生产"①。从这一文本出发，有学者得出结论说人的需要是人的一切行为的内在驱动力，是社会历史前进的原动力，是人的发展的力量源②。第二种观点，认为"人的需要与社会生产是相互作用的，并且，社会生产对人的需要起决定作用"③。人的需要和社会生产之间的矛盾运动伴随人类社会始终，是其他社会矛盾的基础，是社会变革的最终原因。第三种观点，认为社会生产决定人的需要④，生产创造出新的需要。只有生产才是人的需要产生、发展、变化的根本动力。人的需要并非凭空想象的，而是在具体社会情况下产生的，由社会生产决定的。只有在一定社会联系、社会关系中社会生产才有可能。因此认为生产力与生产关系的矛盾是社会发展的根本矛盾⑤。第四种观点，认为"只有把对实践的理解与人的需要和人的自我意识结合起来，才能真正揭示实践在人类历史发展中的作用，真正阐明人类历史发展的动力问题"⑥。

需要在社会发展中的动力作用受到学界的普遍关注，但是社会发展的目的、方向与人的需要关系则很少研究。一般认为社会发展的动力是在人的需要作用下产生的，因此人的需要就为社会发展指引方向。这样说过于笼统了，没有对人的需要本身进行确认，首先面临的问题将是如果马克思没有形而上学式的抽象人的概念，人的规范性如何界定。其次在资本的作用下社会同样能产生出人的需要，马克思区分了社会需要与真正社会需要

① 马克思，恩格斯.马克思恩格斯文集：第8卷 [M]. 北京：人民出版社，2009：15.
② 杨鲜兰.论马克思的需要动力思想 [J].哲学研究，2011 (5)：17-18.
③ 兰泽明.人的需要与社会发展 [J].天府新论，1996 (1)：56.
④ 陈志尚，张维祥.关于人的需要的几个问题 [J].人文杂志，1998 (1)：25.
⑤ 赵恕.社会发展的根本动力与人的需要 [J].清华大学学报（哲学社会科学版），1995 (1)：44.
⑥ 郭艳君.论人的需要和自我意识在历史发展中的作用 [J].学术交流，2005 (1)：8.

的概念，这个区分还没有受到国内学术界的重视，使得对马克思社会需要理论的讨论处于瓶颈阶段。

通过对国内外学术界研究的梳理，我们可以发现：①马克思的需要理论在其整个思想体系中确实占有重要地位。②国内外学术界对需要与人之间的关系、需要与人的本质或本性的关系，都给予了足够的重视。同时，国外学者更重视需要异化与激进需要、需要与自由实现问题，国内学者更多重视需要在价值哲学与社会发展中的地位。③对马克思需要理论的理解还存在一定的不足之处。

第一，需要在马克思思想整体中的作用问题。在马克思思想研究中的重大问题就是处理早期马克思与晚期马克思的关系问题，因此存在人本主义马克思主义与科学主义马克思主义之争，需要在马克思整体思想之中是否发生变化，以及马克思对需要理论的利用是否发生变化问题几乎没有给予很好的回答。

第二，在对马克思人的学说解读中，抽象人本主义者认为马克思预设了一个超验的人存在，科学主义马克思主义认为马克思的理论应该是实证科学，不存在一个抽象的人。人的需要既可以解读为唯物主义的现实需要，也可以认为应然的形而上学式的人的需要，这里缺少对马克思的生成论的人的解读，而这一解读能够克服前述两者的缺点，更符合马克思的本意。

第三，马克思终生都是在对资本主义进行批判，资本主义社会的主要特点就是劳动的异化、需要的异化。马克思最早发现需要的异化形式——自我需要与社会的需要分离导致了人的异化，这一层意蕴已经受到学术界重视。但是，资本主义对人丰富性需要的实现的积极作用却很少受到重视，正是这一缺陷使得对马克思人的全面发展思想理解存在偏差。马克思探索资本主义运行自身的规律，以及代替资本主义的出路，甚至对未来社会形式的构想即"各尽所能，按需分配"都基于需要理论。学界在这一方面的讨论相对不足。

因此，本书将立足于生成论的思路，把马克思对人的理解定位于人的生成历史过程。这样，不仅发现了人的本真面向，而且能给道德价值判断奠定基础。最后将把人的发展与社会发展结合起来，社会发展并非独立于人之外的发展，而是本身的发展，这种发展虽然也会发生异化，但是历史发展的目的将是真正人的生成。

1.3　研究方法与写作思路

1.3.1　研究方法

随着东欧剧变，马克思主义研究受到重创。近年来国内学术界掀起了"回到马克思""走进马克思"等研究潮流以及试图开拓出马克思学的研究范式，这种思潮的背后体现的问题意识可以概括为：第一，试图对传统的马克思主义研究尤其是苏联教科书体系进行批判反思。马克思很多重要著作像《1844年经济学哲学手稿》《德意志意识形态》《政治经济学批判（1857—1858年手稿)》，都是在马克思主义形成以后才发表，新的学术材料对于理解马克思的思想及其思想的发展变化都提供了新的契机，能够使得马克思的学术研究更加深入。第二，在全球化的背景下，马克思主义作为我国的主流意识形态受到了各种非难，在社会主义现代化建设的实践中，马克思主义是否还有生命力，进言之，马克思主义是否还有助于我们理解人类社会发展规律，帮助中国实现中华民族伟大复兴。在当下中国社会，可以说各种思潮风起云涌，各种主义竞相争取着人们的认同。从相同的一个事件引起人们截然相反的意见就能窥见一斑。在网络化时代尤其是全球化越来越明显的背景下，各种网络论坛上充斥着各种主义的宣言。一个理论的真理性只有能够不断地解释现实社会才能被人们信服。只有这样追本溯源，对马克思的学术思想进行认真研究，始终在马克思的真理性上理解马克思主义，这样的马克思主义才能真正地立于不败之地。

本书的写作方法就是要为马克思主义正本清源，马克思在世的时候就一直受到攻击，可以说马克思的一生就是为自己的思想进行辩护的一生。马克思的思想是否具有解释力，这并不是我们主观好恶能够决定的，马克思思想的解释力源于马克思思想的洞察力以及马克思思想的逻辑严密性。这样就需要重点针对马克思本人的著作，包括发表的著作以及众多的手稿。马克思并非超脱于时代背景，相反他的写作深刻地反映着时代的问题。围绕着对资本主义社会进行批判这一课题，马克思深入地研究了古典政治经济学，利用从黑格尔那里继承来的哲学传统，努力寻找人类解放事业的可能性。总之，本书的写作主要方法可说是文本逻辑分析法。

文本学的方法强调理论解释忠实于文本。根据目前国内外的研究现状，本书的研究方法以文献学的研究为主，更多地以马克思的文本为依据，从思想史的脉络来认真理解马克思到底是在什么背景下以及在何种逻辑的分析下进行的理论建构。本书尝试从马克思的三个主要文本，分别为《1844 年经济学哲学手稿》《德意志意识形态》和《资本论》及其手稿进行文本分析。强调逻辑分析的方法。本书避免借用马克思讲自己的话，从而把马克思的思想矮化。本书强调文本的依据，对自己的观点强调忠实于文本，同时强调对叙述的逻辑分析，避免仅仅是论断式的解读。马克思的文本本身具有非常强的逻辑性，这就需要认真读懂文本，从而能够对文本本身的逻辑进行分析。本书在对《1844 年经济学哲学手稿》《德意志意识形态》和《资本论》及其手稿的分析的时候依照马克思对资本主义进行批判所依据的逻辑前提的不同，可能会对需要概念进行不同的运用，所以本书对需要概念并不简单粗暴地下定义，而是根据具体语境进行逻辑解读。

1.3.2　写作思路

通过对国内外马克思需要理论的考察，我们会发现马克思对资本主义社会的批判是基于需要、需要的满足形式——劳动、需要的满足结果——享受发生断裂的基础之上。马克思通过在《莱茵报》当编辑时期的具体实践经验以及对黑格尔《法哲学原理》政治国家部分的研读，发现了市民社会批判是人的解放真正领域。正是基于这一洞见，马克思开始了漫长了的政治经济学批判，因为对市民社会的理解要到政治经济学中去。马克思在批判的进程中需要完成的第一步工作就是要论证人在本真意义上的应当状态。马克思论证了人而不是意识应当是历史与逻辑的起点，人的最大特征应该是自由自觉活动。人的自由不是通过内在的自我设定，要通过相互承认来获得实现。相互承认的获得是通过人的自由自觉的活动，与此同时人的自由自觉活动根本上是为了满足需要。人的需要满足是通过人的劳动产品。劳动是人能够相互承认获得自由性存在的根本途径。不同形式的人类劳动生产出来了能够满足不同个体之间的需要。这就证明了蕴含在不同形式劳动之中的劳动共同存在性。劳动使得不同个体之间相互承认，证明了人的共同存在性。马克思论证人的本真性存在是共同存在性，这就为现实的经验世界指明了方向。

市民社会的根本特征是个体性需要与共同性需要的分裂。面对这种特殊性与普遍性的张力，黑格尔设定了政治国家作为解决方案。马克思揭示了黑格尔政治国家的虚假性，立足于市民社会本身来解决这个矛盾。为此，马克思锻造了现实的个体这个唯物史观的概念，把抽象的普遍性与特殊性之间的张力内在于现实的个体这一概念。将人的普遍性实现内在于人的历史发展进程之中。因此，人不是作为"人的一般"这样的抽象存在而对现实的个人进行指导。人是在社会具体境遇中进行生产生活的，人的生产生活情况就定义了人的本质性存在。此外，人又不能仅仅局限于社会规定性，人是具有能动创造性的。这个创造性的来源是人的彻底（激进）需要。这样，在彻底需要的指引下，人不断突破社会规定性而生成人的自由。自由必然性不同于自然必然性也不同于特定时期的历史必然性，而是属于人之为人的特殊必然性。人的需要首先要超脱于自然属性，不能被自然必然性所束缚。人的需要也要超越于特定社会阶段的必然性，挣脱特定社会发展的必然性。

市民社会需要的满足过程是通过异化需要的形式进行的。在资本主义的形式下，需要的满足手段发生了异化。需要的满足以物为中介，一方面，人的自由劳动异化为外在压迫下的劳动，人的劳动不再是为了满足人的需要，而仅仅是满足私人利己性需要，他人的劳动成为满足私人利己性需要的工具，人本身异化为了工具。另一方面，在异化劳动的作用下人的需要丰富发展了。出于满足利己主义的需要，生产不断扩大以诱导别人进行消费，从而在异化的形式下把人的普遍性抽象地发展了。共产主义正是对这种生产方式进行扬弃的过程。

本书的第3章将重点讨论需要与价值的关系，马克思的需要理论属于价值哲学范畴同时也属于政治经济学范畴。这一部分将重点讨论价值的生成与实现这两个层次。价值生成于人的劳动，实现于满足社会需要的过程。价值并非抽象的道德说教，而是具有规范性意义的主体生成。作为根本需要的劳动是生成价值的源泉。价值的实现表现为自由的实现。在资本主义条件下，人的存在方式是异化的状态。人的需要满足是通过商品交换进行的，人的劳动不是为了满足自己的需要而是为了满足他人的需要。在这种情况下，生成价值的劳动是满足生产性需要的劳动，满足消费性需要的劳动则不能生成价值。第三方面，在资本主义条件下货币成为人的唯一需要，价值哲学领域也出现了意识形态的功利主义。

本书的第4章主要讨论需要与社会发展的关系。在这一章，主要讨论了社会发展是人的发展的展现，人的发展的动力是需要，因此社会发展的内在动力是需要。与把社会发展作为外在于人的发展范式不同，我们把社会发展作为人的发展的外在展现，这个过程不是杂乱无章的，而是存在规律性的。因为社会发展存在同一个社会形态下的发展与不同社会形态之间的转变这样两种形式，所以社会发展表现为社会发展的横向规律性与纵向规律性。社会发展的规律性与社会发展的目的性并非矛盾的，社会发展的目的性正是建立在社会发展规律性的基础之上。马克思理解的社会发展目的可以概括为"各尽所能，按需分配"。马克思提出的这个社会主义的目标着眼于特殊性与普遍性内在张力的解决。个体作为共同存在的特殊性个体，组成了一定社会状况下社会总体需要。个体能力之间固然存在不同程度的差异，但是不同个体的能力发挥应当按照社会需要分配。这样的生产与分配模式是符合社会主义的发展要求的。

2 需要的规范性：
   早期马克思的尝试

　　国内关于需要问题的提出是在改革开放的大背景下，是与人学、价值哲学的兴起密切相关的。对马克思需要理论的理解必须放在其哲学人类学的背景下，也就是关于人的一般理论视域下才能成为可能①。即使到马克思后期对政治经济学的研究成为其主要工作，也不能认为马克思改变了其对需要理论的理解②。但是，马克思在讨论需要问题时的侧重点则发生了转移③。本章将重点讨论马克思早期著作中对需要的论述，首先简单交代一下早期马克思的问题意识，然后讨论需要在构建其对人的本质理解中的地位与作用，最后讨论在资本主义私有制下需要的异化问题。

2.1　需要的主体意蕴

　　目前在对需要的个体性与社会性的研究中：一方面有学者认为需要并不具有抽象性，只能是现实个体的需要，所以需要具有个体性；另一方面有学者认为人不仅仅是个体性存在，人的本质是社会关系的总和，所以人

---

① CHITTY A. The early Marx on needs [J]. Radical Philosophy, 1993 (64): 23–31.
② KAIN P. Marx and Ethics [M]. New York: Oxford University Press, 1988.
③ 麦卡锡. 马克思与古人：古典伦理学、社会正义和 19 世纪政治经济学 [M]. 王文扬，译. 上海：华东师范大学出版社，2011：220.

也是社会性存在，需要也具有社会属性。虽然两者都能在马克思的原著中找到根据，但是很少有学者对这两者之间的关系进行详细的说明。学界讨论的另一个热点是需要的属性问题，因为人既是自然存在物，又是社会存在物。这也成为需要的自然属性与社会属性的理论根据。马克思在关于需要的阐述中，的确既有关于需要的自然属性的部分，也有社会属性的部分，所以不能说对马克思需要理论的理解出现了偏差。然而，理论发展的困境就在于没有对需要的不同属性之间的逻辑关系进行详细分析，要言之，没有对人的需要本身进行细致分析。

2.1.1 现实个体概念的逻辑推演：马克思关于个体与人的概念

人（person，human）与主体（subject）概念并非完全一致的。根据迈克尔·英伍德（Michael Inwood）在《黑格尔词典》（*A Hegel Dictionary*）①中对主体的分析，我们会发现在 16 世纪德文（das）subjekt 来源于拉丁语的 subjectum，意思是句子里面的主语。在其哲学意义上，（das）subjekt 受到亚里士多德使用的 hypokeimenon（构成……的基础）的影响。hypokeimenon 包含三个意思——①一些事物组成或形成的一定东西。②属性的本质或持有。③谓语的逻辑主语，不仅仅是特指人作为主语。因此，概括来说（das）subjekt 的哲学内涵主要包括：①和本质类似，表示状态和行为的主体。②句子的逻辑或语法主语，命题或判断。③人类心理状态或过程的主观形式，侧重个人的癖好。④认知主体，相对于认知客体。⑤行动主体或行为的表现者，在黑格尔这里变现为道德主体。所以，（das）subjekt 在不同的语境，意义就会不同，不能把人直接等同于主体，也不能把主观与主体直接等同起来，这样会造成很多的麻烦。这里的问题就是马克思是在何种意义上使用主体（subject）概念以及人（person，human）概念。

马克思在讨论人的问题时，在使用术语方面大致有三个不同的表达，mensch（人）、person（人、个人）与 individuum（个体）。李文堂、侯才详细考察过这些不同术语之间的翻译问题。他们的观点是一致的，都认为

① INWOOD M. A Hegel Dictionary [M]. Oxford: Blackwell Publishers, 1992: 280.

mensch 相当于生物学意义上的自然人，作为人的物质载体而被使用。person 来源于拉丁语，最早被基督教哲学用于解释基督的人性与神性，基督作为特殊的个人占有三个位格（person），也就是三位一体理论。黑格尔在《法哲学原理》中把相互承认作为具有了自由意识的人看作 person。"在黑格尔看来，从自然意义上的'人'（mensch）成为有自由人格的'人'（person）是一个历史教化过程，而且是一种'为承认而斗争'的过程。"① individuum 应当被翻译为个体，是介于 mensch 和 person 之间的一个概念。individuum 既表示活生生的，感性的独立的个体，又表示获得自由意识的特殊人格存在的完整的独立的个体。马克思认为历史的起点应该是现实的个体（wirkliches individuum），而历史发展的目标则是具有人格的"人格个体"（das persoenliche individuum）②。

通过对词源的梳理，我们会发现一个问题：马克思的现实个体概念是如何从德国古典哲学知识论中的主体概念转化过来的。康德的知识论的最大特点是主体并非与现实的人统一，而是逻辑学意义上的主体，仅仅因为先验知识需要一个知识者把握知识，康德才悬置了一个主体。在这个主体内部存在着一个张力就是主体既作为心智综合的积极中心，又是一个消极的直觉接受者③。这里的张力成为康德以后德国观念论（idealism）解决的重要问题。费希特尤为期望开拓甚至系统化康德开启的观念论思想。他在整合康德分裂的理论理性与实践理性中，重视人的实践理性，开启了主体人的相互承认问题，黑格尔在某种程度上就继承了费希特的相互承认理论④。作为主体的人开始成为讨论的核心，马克思在《1844 年经济学哲学手稿》穆勒评注部分对应异化劳动的状态，描述了人本真意义上应当的状态，认为人是人本身最根本的需要，人把人作为人的需要的实现行为，构

---

① 李文堂. 马克思关于"人"的概念［M］// 周为民. 马克思主义关于人的学说. 北京：人民出版社，2011：18-19.

② 侯才. 马克思的个体和共同体概念［J］. 哲学研究，2012（1）：5.

③ HOFFMAN P. The anatomy of idealism passivity and activity in kant hegel and marx［M］. Boston：Martinus nijhoff publishers，1982：14.

④ ROCKMORE T. Fichte, Marx, and the German philosophical tradition［M］. Carbondale：Southern Illinois University Press，1980.

成了人的现实。虽然在某种意义上都是在讨论知识主体的问题，但是黑格尔却做出了重大的贡献，即在对知识主体的探讨中引入了历史主义。黑格尔放弃了康德的先验主体，将理性本身规律地放到理性在自己外化的历史过程中认识自身。马克思继承了黑格尔的历史主义的思维方式，用现实的人替代了黑格尔的绝对精神。最早在《黑格尔法哲学批判》中，马克思就批判了黑格尔的神秘主义，把现实的人理解为理性的规定性。通过采用费尔巴哈对黑格尔宗教批判的方法，马克思重新为现实的人找到了主体位置。马克思认为人们生产什么、如何生产以及物质生活本身都是人本身的现实。在满足需要的历史过程中，人不仅生产满足自己需要的产品，改造外在自然界成为人化自然，同时也在改造人本身，人再生产出人本身。"如果马克思把人与人相互承认的需要视为人的根本需要，视为人成为人的过程开启与展开。如果人不把人作为人来看待的话，也就是说人不把其他人看作和自己同等的人来看待的话，人就会降到动物自然属性，人性就会被必然所束缚。"① 而突破这种必然性的束缚是人本身就拥有的能力。"我承认其他人是人的时候，也确证了我自己本身是人。"② 生产满足属人的需要，生产活动本身才具有属人性，而在这个过程中生成的价值才能够说是真正具有属人性的价值。马克思在批判资本主义社会时，曾经区分了真正属人的需要与虚假的需要。马克思认为那些不再满足"人作为目的"的需要都是应该得到消灭的虚假需要。

当马克思把德国古典哲学知识论意义上的人理解为现实意义上的人，这并不代表人仅仅就是特殊的个体，人依然是具有共同性，特殊的个人仅仅因为个人的特性而成为个人。通过对现实矛盾的分析，马克思发现了资本主义运动的最大特征就是个人需要的绝对化。这个问题主要集中在市民社会领域，而这个发现是通过对黑格尔《法哲学原理》的批判以及参与现实的政治讨论实现的。

---

① ZETTERBAUM M. Equality and human need ［J］. American Political Science Association, 1977, 71（3）：986.

② 同①：987.

2.1.2 实际需要：市民社会的生成

马克思在1859年的《政治经济学批判（第一分册）》的序言部分，阐述自己的学术思想演变的时候，曾经专门言到自己是如何走到历史唯物主义这条道路的。也就是说在莱茵报时期，当马克思要对物质利益问题发表见解的时候，他发现了自己理论知识的不足，从而走进书房。而他批判的首要著作就是黑格尔的《法哲学原理》，公开发表的著作是《德法年鉴》上的《论犹太人问题》和《〈黑格尔法哲学批判〉导言》。通过对这两个文本的研读，我们能够发现马克思是通过对宗教的批判过程中，找到宗教的基础是世俗社会，政治解放并非人的真正解放，只有在世俗社会的解放才是真正的解放。

应该说，马克思与鲍威尔的问题意识是相同的，均可以概括为犹太人在基督教国家的解放问题，进言之也就是人的解放、人的自由问题。而两个人的不同之处则在于解决方案。鲍威尔坚持青年黑格尔派唯心主义的思路，认为问题的解决可以通过犹太人与基督徒认识到"犹太人与基督教国家的根本对立是宗教的对立，而宗教是人的精神的不同发展阶段"①。那么犹太人与基督徒的关系就不再是宗教的关系而只是批判的、科学的、人的关系②。根据这样的思路，鲍威尔把犹太人的问题放在了一个更大的视域下进行研究，即宗教与国家的关系问题、宗教约束和政治解放的矛盾问题。他认为这里首要的问题就是政治国家从宗教中解放出来，无论是对犹太人，还是对束缚人从而使自己处于束缚状态的国家一般，方式都是一样的。"以宗教为前提的国家，还不是真正的、不是现实的国家。"③ 进而，鲍威尔认为对宗教的废除，主要是在政治的废除，只要宗教的规矩不再成为现实政治的障碍，那么政治的自由，政治的解放的到来应该就不会太远了。概括来说，鲍威尔认为犹太人问题的解决只能是"宗教的归宗教，国

---

① 马克思，恩格斯. 马克思恩格斯全集：第3卷 [M]. 北京：人民出版社，2010：165.
② 同①：165.
③ 同①：167.

家的归国家"。

马克思并没有停留在政治国家与宗教的分离，而是进一步指出了政治国家是虚假性共同体，政治国家的基础是世俗社会，从而由宗教批判、政治批判深入到市民社会批判。首先，马克思认为鲍威尔"批判的只是基督教国家，而不是国家本身，他没有探讨政治解放对人的解放的关系，因此，他提供的条件只能表明他毫无批判地把政治解放和普遍的人的解放混为一谈"①。通过这里我们可以发现：马克思发现政治的解放、宗教的解放之外的人的真正解放是更深层次的解放。在鲍威尔看来，犹太人追求的仅仅是作为政治人的平等，所以政治上的解放就是其真正的解放。但是马克思认为政治上的解放并非真正的解放，反而是另一种转变形式的奴役。也就是说即使政治上达到了解放，人仍是处于奴役状态。其次，马克思讨论了犹太人在不同形式国家中的问题表现，在德国这个不存在政治国家的地方表现为神学问题，在法国这样保留着神学外观的立宪国家下表现为立宪制问题，在北美的各自由州则表现为真正的世俗问题。

马克思没有讨论前两种情况，而是详细批判了作为政治国家自身。在批判政治国家自身之前，马克思分析了完成政治解放的政治国家与宗教的关系。在神学政治情况下，国家的权力来源于神权，君权神授。作为完成了的政治国家权力来源于人本身，这样的反差使得宗教本身的普遍性权力受到侵蚀，或者从某种意义上来说宗教本身的神秘性得到了解释。"宗教已经不是世俗局限性的原因，而只是它的现象。"② 人不再依赖神这一人自身的外化物来统治自己，而是从自身出发找到了统治的基础。这样，宗教的普遍性、唯一性不仅仅受到质疑更重要的是宗教本身成为人们世俗生活的反映。这种转变可以概括为：国家依赖宗教赋予权力变为宗教是人们的政治生活的精神反映。当国家从宗教中解放出来，获得自身的本质性存在。然而，这并不等于说人本身也获得了解放，"国家从宗教中解放出来

---

① 马克思，恩格斯. 马克思恩格斯全集：第3卷［M］. 北京：人民出版社，2010：167-168.
② 同①：169.

并不是现实的人从宗教中解放出来。"① 马克思深刻地认识到了国家自由与人本身的自由并非完全一致的。当人依然保持着宗教信徒的身份，国家能够从宗教中独立出来。这说明了：第一，人与国家没有同时从宗教中独立出来；第二，证明了国家的解放与人的解放并不是同构的。"人通过国家这个中介得到解放，他在政治上从某种限制中解放出来，是因为他与自身相矛盾，他以抽象的、有限的、局部的方式超越了这一限制。"② 我们能够发现政治国家在人的解放进程的作用是两方面的。那么，国家这一个中介的作用到底是什么样的呢？

政治国家这个中介超越了出身、等级、文化程度、职业等的特殊性，政治国家以自己固有的形式独立于这些特殊性之外。所以，从这个角度来说政治国家是个人超越其社会结构性角色的实现，是对由于任意、偶然因素造成的社会结构性角色的超越，重新找到了人的普遍性特征的实现领域。在政治国家中，人不会因为任何特殊性影响其在政治国家领域生活的状态。政治国家没有能够消灭这些特殊性，而是让这些特殊性以另外一种形式保存下来了。这些特殊性的存在领域即为市民社会，从而造成了政治国家与市民社会的分离。这样，人成为了共同体存在与个体私人存在的二重化——在市民社会这一个体私人的活动领域，人把自己降为了工具，沦落为异己力量的玩物。政治国家与市民社会的分割状态造成了人的双重异化。一方面，市民社会中的人是非普遍性生活状态，这是与人的应当状态相矛盾的，所以造成的是人的生活的非真实性。另一方面，政治国家并没有消灭市民社会的特殊性前提，政治国家的普遍性是虚假的。"人作为特殊宗教的信徒，同自己的公民身份，同作为共同体成员的他人所发生的冲突，归结为政治国家和市民社会之间的世俗分裂。"马克思表达自己这一不同于鲍威尔的观点。宗教也属于市民社会的一部分，因为它也是属于私人领域的。"宗教成了市民社会的、利己主义领域的、一切人反对一切人的战争的精神。它已经不再是共同性的本质，而是差别的本质。它成了人同

---

① 马克思，恩格斯. 马克思恩格斯全集：第 3 卷 [M]. 北京：人民出版社，2010：180.
② 同①：171.

自己的共同体、同自身并同他人分离的表现——它最初就是这样的。"①

这里可以发现人的世界已经被划分成不同的生活领域。一方面，宗教成为了人的私人领域，宗教的普遍性被政治国家所代替。虽然个人依然信仰宗教，但是宗教已经不能再像政治国家独立以前那样对人的生活总体发号施令，宗教成了市民社会的精神反映。宗教已经不再是共同性的本质，因为宗教的唯一性受到了瓦解，宗教不再是人所共有的唯一性存在。宗教也仅仅是人的有差别的存在特征之一，不同宗教信徒作为特殊信仰者而存在。宗教已经从公法领域遭到驱逐，仅仅是属于私法领域。国家已经不再需要宗教作为其精神资源，因为人在国家中就能够进行共同性的活动。另一方面，国家从宗教中获得独立，国家权力来源不再依赖于宗教授予。尽管如此，这并不代表政治国家的解放就是人的解放。因为束缚人、压迫人的现实社会状况并没有得到根本改变。总之，政治国家获得独立并不代表犹太人问题的根本解决，反而是把犹太人的问题更加明晰了。概言之犹太人问题的核心是世俗冲突，是市民社会中的私人利益与普遍利益的冲突。宗教问题并没有被消灭，而是转化为市民社会中的精神因素与普遍利益发生冲突、私有财产等也没有真正消失，而是成为市民社会中的物质要素与普遍利益发生冲突。所以，问题的解决需要根本解决市民社会与政治国家的冲突，真正把"私人"与"公人"的冲突消灭掉。马克思讲得很清楚，宗教从国家向市民社会的转移，虽然是政治解放的完成，但是并不代表人的解放的完成，而鲍威尔错就错在了把政治解放与人的解放混淆，认为政治解放就等于了人的解放。马克思继续指出人的真正解放是要把市民社会中的人解放出来。在这里，马克思留下了两个问题——一个是如何以普遍性来定义人，另一个是为什么说市民社会是个人受压抑的领域或状态。这两个问题也是马克思接下来要解决的问题。

在这里，普遍性问题仅仅是自明的一个问题，马克思并没有给出详细的哲学论证人的普遍性问题。但是普遍性已经是一个很重要的参照标准，

①　马克思，恩格斯. 马克思恩格斯全集：第3卷［M］. 北京：人民出版社，2010：174.

并起到对现实社会生活进行评价的作用。这个问题留在下面再来讨论。这里需要讨论市民社会是如何从历史中生成的。

鲍威尔认为犹太人不放弃自己特殊的宗教本质是不能获得人权的，那是因为犹太人的特殊本质会阻止犹太人获得人权。犹太人的特殊性比犹太人作为人的共同性更为根本。马克思反对这种说法，因为人权可以分为两种——一种人权是政治权利，参与政治共同体的权利，属于政治自由，是公民权利。信仰自由就属于这种公民权利范围，公民能够保持自己的信仰自由而不妨碍其参与政治共同体。公民获得了信仰特殊宗教的权利，从而使得信仰自由本身成为了普遍人权。另一种人权是不同于公民权的，而这种权利就是市民权，也就是市民社会成员的权利。这里的人是"作为孤立的、退居于自身的单子的自由"①。这里市民社会本身获得了普遍性，从而使得市民社会成员自认为自己是普遍性的存在，实质上却是狭隘的私人特殊性存在。"无非是利己的人的权利、同其他人并同共同体分离开来的人的权利。"② 马克思这里反对那种局限性、特殊性的自由，而不是普遍性的自由。特殊性自由的最大特点是建立于人与人相分离的基础之上。所以，对于作为原子化的单子式的人能否获得自由这个问题，马克思认为这种自由是不现实的。因为这种自由没有建立在人与人相互承认的基础之上。这种自由是一种自然性的自由，人还没有超越其动物本能性的自由。私有财产是这种意义上自由权的一种实际应用。私有财产是任意的，同他人无关的不受社会影响地享用和处理自己的财产的权利；这一权利是自私自利的权利。这种自由和对这种自由的应用构成了市民社会的基础。"这种自由使每个人不是把他人看作自己自由的实现，而是看作自己自由的限制。"③这里我们可以发现马克思和黑格尔对私有财产的理解存在非常大的差异，黑格尔认为私有财产是需要他者的认同的，在这一意义上私有财产是自我意识的实现，是自由实现的一个中介。马克思完全从消极意义上来理解，

---

① 马克思，恩格斯. 马克思恩格斯全集：第3卷 [M]. 北京：人民出版社，2010：183.
② 同①：182-183.
③ 同①：183.

认为私有财产实现的自由是不需要他者的认同，与其他人完全没有关系的一种权利。与黑格尔的这一不同理解使得马克思坚定地反对私有财产作为人权的一部分，因为私有财产是不需要主体之间相互承认的。

市民社会就是人与人之间的关系是孤立的人之间的关系，人与人之间不再具有共同性存在，并且不以这种共同性存在为基础。"可见任何一种所谓的人权都没有超出利己的人，没有超出作为市民社会成员的人，即没有超出作为退居于自身，退居于自己的私人利益和自己的私人任意，与共同体分隔开来的个体的人。在这些权利中，人绝对不是类存在物，相反，类生活本身，即社会，显现为诸个体的外部框架，显现为他们原有的独立性的限制。把他们连接起来的唯一纽带是自然的必然性，是需要和私人利益，是对他们的财产和他们的利己的自身的保护。"① 这段引文经常被作为人的社会性的论据来使用。如果仔细地对照上下文，我们可以发现马克思的反讽意谓。这里的人分为了两种存在状态：一种是马克思认为人本真意义上的共同体存在，虽然马克思一直都没有认真论证人的共同体存在的具体意谓；另一种是利己的私人存在，这种存在是一种原子化个人的状态，这种状态的个人之间是通过需要与私人利益联系起来的。马克思认为这种需要是外在于人的一种需要，是造成人的异化状态的一种需要，虽然其并没有被详细论证，但是马克思已经对这种需要与私人利益进行了批判意义上的表达。市民社会这种原子化个人获得了普遍性的意义，这种特殊性的个人获得普遍性的人权。更让马克思不解的是"公民（citoyen）被宣布为利己的（homme）人的奴仆；人作为社会存在物所处的领域被降到人作为单个存在物所处的领域之下；最后，不是身为公民（citoyen）的人，而是身为（bourgeois）市民社会的成员的人，被视为本来意义上的人，真正的人"②。马克思这里表达了两条逻辑线索——一是这种现象是一种事实，马克思做出了一个事实陈述；二是马克思这里使用了本来意义、真正的人的这种规范性术语。也就是说在这里一直存在一种张力，规范性的界定与事

---

① 马克思，恩格斯. 马克思恩格斯全集：第3卷［M］. 北京：人民出版社，2010：185.
② 同①.

实的描述问题。规范性的来源问题不解决，那么对这种事实陈述后面的评价问题就一直是不稳定的。在这里马克思探讨了这种错误意识的来源问题，也就是说人的共同体存在是一个自明概念，也就是说人本来就应该是共同体存在的，只是自己没有意识到自己这个本质。那么市民取代公民作为人的真正本质性存在这种意识是如何产生的呢？

马克思是从历史的视角对这一问题进行回答的。马克思认为政治解放的同时，带来了旧社会的解体。社会的解体是指封建主义的个体与整体的关系遭到了瓦解。这主要表现在：在旧的市民社会，人们的活动本身具有政治意义，也就是说个体与国家整体的关系获得了普遍性意义。人们虽然生活在具体的社会结构中，这是明显的片面的关系，但是人们赋予这种关系以普遍性。社会的解体在某种意义上和社会的生活组织方式的解体可以等同起来。人们的生活方式本身发生了革命式的变化，也就是说以前的人与人之间的关系发生了变化。封建社会的瓦解，使得个体从传统中剥离出来。在封建社会中，个体内含在整体中，个体行为的规范具有社会认同、认可。虽然这个整体仅仅是有局限性的整体，对个体行为还有束缚作用，但是个体在整体中能够获得普遍性的解释说明。个体自己认为自己获得了自我意识、文明状态。旧社会的解体则表明了孤立的个体成为自己行为的最后出发点，自己仅仅从自己出发。个体生活的内容和社会地位都成为与个体相剥离开来的物质要素和精神要素。一方面，特定的生活内容本身已经不再具有政治的含义，也就是说不再具有整体意义，完全成为了个体的特定生活；另一方面，整体的普遍性，或者整体的普遍职能只有通过个体才能得到说明，因为这个整体本身的意义就来源于个体。

片面的政治性解放带来的并不是真正人的全面解放，相反却是利己主义的个体与利己主义精神的兴起。一切整体性的组织、生活都需要以个体为前提、基础。"政治国家的建立和市民社会分解为独立的个体是通过同一种行为实现的。"[1] 传统社会的组织结构遭到了瓦解，其存在的合法性受

---

① 马克思，恩格斯. 马克思恩格斯全集：第3卷 [M]. 北京：人民出版社，2010：188.

到了质疑。其对人的生活的指导作用也趋于消解。新的社会兴起了，人们生活方式发生了巨大变化，生长出了新的社会结构。而这一切的基础则是自然人本身成为了人的本真意义上的存在。这里人被分割为两种存在——第一，自然人因为政治解放作用，自然获得了存在的合法性，成为人本来应该的状态。公民或者政治人则成为了抽象的、人为的人，这种意义上的人是可以改变的。这种对人的理解的新变化，把自然意义上的利己的人作为了人本真应该的人，相反，真正的人则成为了抽象的公民，虚假的存在。"只有当现实的个人把抽象的公民复归于自身，并且作为个人，在自己的经验生活、自己的个体劳动、自己的个体关系中间，成为类存在物的时候，只有当人认识到自身'固有的力量'是社会力量，并把这种力量组织起来因而不再把社会力量以政治力量的形式同自身分离的时候，只有到了那个时候，人的解放才能完成。"① 马克思这里说的人的解放是利己主义的个人的解放，是利己主义的个人对人的复归。第二，当个人从宗教中解放出来的时候，仅仅是个人从虚假的共同体中解放出来，因为那样的共同体没有个人的权利。个人权利的获得并不是解放的全部，政治国家的解放并不是真正人的解放，因为市民社会还需要最后一步的解放，即走向人的真正的复归。这里的人是一种有意识的对个人的社会力量的直观。所以这里并不是社会与个人的分离状态，相反是个人与社会的真正的统一。也就是说，马克思并不认为社会高居于个人之上，也反对个人脱离于社会，而是找到个人与社会的统一状态。

现代社会与古代社会的最大不同可以概括为个体与社会的分离。"人分为公人和私人"② 这并不是马克思的洞见。马克思的问题意识却是"公民（citoyen）被宣布为利己的（homme）人的奴仆；人作为社会存在物所处的领域被降到人作为单个存在物所处的领域之下；最后，不是身为公民（citoyen）的人，而是身为（bourgeois）市民社会的成员的人，被视为本来

---

① 马克思，恩格斯. 马克思恩格斯全集：第 3 卷 [M]. 北京：人民出版社，2010：189.
② 同①：175.

意义上的人，真正的人。"① 在需要的问题上就变成了个体的需要窃据了人的需要的地位，抑或说个体需要具有了独立目的性存在。"把他们连接起来的唯一纽带是自然的必然性，是需要和私人利益，是对他们的财产和他们的利己的自身的保护。"② 人作为共同体、共同存在性的存在已经完全被剥离出来，个体已经不再承认是共同体的存在。公人或者任何有别于个体的人的属性都成为多余的，人们已经陷入个体主义的深渊，并且坚信个体人的存在才是真正人的本质的存在。通过参与现实社会生活的调查，尤其是在担任《莱茵报》主编期间，马克思发现了这种资产阶级的虚假性、欺骗性。正是为了揭露其中的悖论，从《德法年鉴》时期以来，马克思就是为了重新找到"人向人复归"之路。

现实的个体本身具有经验性的内涵，但是还应该具有超验性本真意义上的内涵。现实个体的感性活动本身需要不断扬弃自身的狭隘性，从而获得普遍性与确定性。现实的个体是历史与逻辑的起点，并不代表现实的个体本身就获得了目的性存在本身，现实的个体本身的确定性需要现实个体的实践活动。这里与《德意志意识形态》对历史与逻辑的起点规定相一致。现实的个体是内在于社会中能够实现普遍性、确定性的个体。因此，现实的个体还具有超历史性的存在意蕴，而不能仅仅理解为自然人、抽象性的个体。马克思这里并非批判自由而是批判个体化的自由，因为这样的人的基础并不是本真意义上的人，而是自然人，利己的个体而已。

马克思继而发现要想解放犹太人，应该到犹太教的世俗生活中去寻找。犹太教的世俗基础就是实际需要、自私自利，而这个就是市民社会的原则。也就是说犹太教和市民社会原则是同一的。所以犹太人解放自己不仅仅是自己解放自己的问题，更是人类自我解放的问题，从金钱中解放出来。早期的马克思并没有给出更多的论证，只是激情澎湃地对金钱作为一切事物的神进行了批判。"金钱是人的劳动和人的存在的同人相异化的本

---

① 马克思，恩格斯. 马克思恩格斯全集：第3卷［M］. 北京：人民出版社，2010：185.
② 同①：185.

质；这种异己的本质统治了人，而人则向它顶礼膜拜。"① 金钱作为神的情况下，自然界本身遭到了破坏，作为目的本身的人遭到了蔑视。在这种利己的需要的统治下，人只能在其异己的本质的作用下才能进行活动。因此，犹太宗教的本质仅仅是这种实际需要在观念中的表现。这里不存在任何神秘的特性，相反却是高度经验性的。"社会一旦消除了犹太精神的经验本质，即做生意及其前提，犹太人就不可能存在，因为他的意识将不再有对象，因为犹太精神的主观（subjectivism）基础即实际需要将会人化，因为人的个体感性存在和类存在的矛盾将消除。"② 当消灭了做生意及其前提，也就是消灭了个人的利己主义的需要，人与人之间不再需要交换来满足彼此，而是通过人的中介的交往来满足彼此的需要，人成为了人的本质实现的中介，那么个体与社会之间的矛盾将被消灭。马克思这里留下了两个问题：第一个是隐含着对人的规定性的论证问题，如果没有对人的规范性说明，那么这一切的评价与批判将是空中楼阁；第二个是对如何从市民社会中解放出来，马克思还不具有这方面的知识，这需要通过政治经济学的阅读才能得以揭示。

2.2　需要与人的生成实现

正如前文所述，马克思理解的人既不是超验性的逻辑主体，也不是纯粹自然性个体，而是在现实社会中不断地从经验性生成超验性的社会主体。马克思论证了一个规范性的人学，规范性的来源不再是先验的自我规定，而变成了能动个体应当实现自己的本质。这个问题包含着两个方面——一方面是人的自我意识特性与其他动物的区分，但是这个自我意识并不具有最终确定性；另一方面，自我意识的实现过程是通过人的劳动实现的，这个过程中包含着作为个体的相互承认。

---

① 马克思，恩格斯. 马克思恩格斯全集：第 3 卷 [M]. 北京：人民出版社，2010：194.
② 同①：198.

2.2.1　人的本质预设：普遍性隐喻

在早期马克思的著作中，我们会发现马克思对传统哲学概念"人的本质""类本质"等还是有使用的。但是马克思在《德意志意识形态》中说这些传统概念的使用已经有了新的含义。马克思讨论人的本质问题是为了找到人的应然性根据或者说是规范性的来源。"对宗教的批判最后归结为人是人的最高本质这样一个学说。"① 马克思通过对宗教的批判获得的结论就是重新为人找到了根本地位。这个人具有哪些规定性，马克思并没有明确地说明，但是有几个前提是可以说明的：第一，人不是超验的，超越于人的认识能力范围之外的存在；第二，人不是特殊性的个体，因为从特殊性出发能够得到的仅仅是特殊的个体。马克思追寻的是经验中生成的普遍性。这是人之所以成为人的特性。在《论犹太人问题》中对自然人与公民进行区分的时候，马克思也提到了"因为有自我意识的活动集中于政治行为"。虽然马克思对政治国家本身也进行了批判，但是政治行为本身的普遍性却是马克思认同的。

这种行为的特征就是具有自我意识。也就是说自我意识是人所具有的普遍共性。人与动物固然都有意识，但是动物不会对自己的生活本身产生一种反思意识。自我意识就是"人则把自己的生命活动本身变成自己意志和自己意识的对象"②。这一点是人与动物区别开来的主要标志，同时证明了人是类存在物，人的活动是自由活动。而这个命题并非自我规定，这个命题的证明可以通过人的实践。"因此，正是在改造对象世界中，人才真正地证明自己是类存在物。这种生产是人的能动的类生活。通过这种生产，自然界才表现为他的作品和他的现实。因此，劳动的对象是人的类生活的对象化：人不仅像在意识中那样在精神上使自己二重化，而且能动地、现实地使自己二重化，从而在他所创造的世界中直观自身。"③

---

① 马克思，恩格斯.马克思恩格斯全集：第3卷［M］.北京：人民出版社，2010：207.
② 同①：273.
③ 同①.

"在社会中进行生产的个人，——因而，这些个人的一定社会性质的生产，当然是出发点。"① 从这里可以看出来，批评马克思的理论无视个体的作用是有欠公允的。马克思的出发点同样是个人，但是马克思的个人却是社会性质的个人。马克思反对的是单个的孤立的个人，在现实历史中不可能的，纯粹假象的个人。马克思批判了斯密和李嘉图的经济学假说，也批判了卢梭的"社会契约论"基础。马克思认为自然状态的原子化个人是一种假象。这种观念的产生，一方面是封建社会形式的解体，另一方面是16 世纪以来新兴生产力的发展②。关于人的这种观念是产生于人类的社会发展，尤其是生产力的发展，是人类历史的结果，不存在作为历史前提的这种原子化孤立的自然人。

而之所以说是假象，这是由于对经验历史的分析，"越往前追溯历史，个人从而也是进行生产的个人，就越表现为不独立，从属于一个较大的整体。"也就是说个人的存在需要一个更大的整体的基础上才能得到实现，个人的价值并不表现为目的性存在，因为个人的存在是以整体的存在为基础的，整体具有目的性，个人是以整体的存在为转移。这当然是以生产力的发展为基础的，而这样的时代是不会产生孤立个人的观念的。"只有到18 世纪，在'市民社会'中，社会联系的各种形式，对个人来说，才表现为只是达到他私人目的的手段，才表现为外在的必然性。"③ 只是到 18 世纪，个人从整体中孤立出来，共同体瓦解了，形成了实现私人的目的"市民社会"。社会联系表现为手段性的存在，社会联系的范围不断扩大，这是在孤立存在的个人基础上的个人的丰富性发展。个人的发展越来越依赖社会联系的发展，在观念上可以表现为社会联系表现为外在的必然性。所以认为原始状态的人是孤立的个人的观念仅仅是现代社会的一种假象。所有基于孤立的个人的逻辑推演都是空中楼阁。

马克思论证人的普遍性是通过人与自然的关系、人与人的关系以及人

---

① 马克思，恩格斯. 马克思恩格斯全集：第 30 卷 [M]. 北京：人民出版社，1995：22.

② 同①：25.

③ 同①：25.

与自身的关系这三个方面进行的。与此同时，人的普遍性最重大的特点就是历史发展性。人的普遍性来源于实践，因此人的普遍性不是永恒不变的，而是在社会历史中发展变化的。

第一，人与自然的普遍性关系。"自然界的人的本质只有对社会的人来说才是存在的；因为只有在社会中，自然界对人来说才是人与人联系的纽带，才是他为别人的存在和别人为他的存在，只有在社会中，自然界才是人自己的人的存在的基础，才是人的现实的生活要素。只有在社会中，人的自然的存在对他来说才是自己的人的存在，并且自然界对他来说才成为人。因此，社会是人同自然界的完成了的本质的统一，是自然界的真正复活，是人的实现了的自然主义和自然界的实现了的人道主义。"① 首先，因为个体与自然的特殊性关系本身并不包含普遍性，所以自然与个体虽然存在关系，但是不是作为人的本质性来理解的关系。只有在社会中，人本身的自然存在才成为人的存在。自然界在两个方面上提供生活资料——一方面，人作为人，人的劳动需要加工对象，自然界提供材料，在这个意义上给劳动提供生活资料；另一方面，提供生活资料，维持工人本身的肉体生存的手段②。所以工人的劳动在两个方面失去生活资料：一方面是作为人失去生活资料，另一方面作为工人失去生活资料。因此，"工人是在这两个方面成为奴隶：首先，他得到劳动的对象，也就是得到工作；其次，他得到生存材料。因此，他首先是作为工人，其次是作为肉体的主体，才能够生存。这种奴隶状态的顶点就是：他只有作为工人才能维持自己作为肉体的主体，并且只有作为肉体的主体才能是工人"③。

在马克思这里，自然界并非独立于人存在的绝对不可知的世界，自然界都是在人的对象化活动中成为为我的存在。可以看出后康德主义德国哲学消解物自体对马克思的影响。经验主义的知识论强调感觉是人的知识的唯一来源，人仅仅是对外界事物的反映，通过人的感觉从而获得知识。这

---

① 马克思，恩格斯. 马克思恩格斯全集：第 3 卷 [M]. 北京：人民出版社，2010：301.
② 同①：269.
③ 同①：269.

种理论受到了怀疑主义的质疑，认为知识建立在感觉的基础之上仅仅是一种描述性而非是一种规范性，从而规范性的来源问题就受到了巨大的质疑。康德在回应知识论的怀疑主义问题时，转换了传统的主客二元的绝对对立，变客体为主体的建构，从而实现了知识论的哥白尼式的革命。一方面，马克思虽然承认外在自然界的优先地位，但是由于外在自然界独立于主体而存在，主体永远不可能对一个独立于主体之外的世界发生认识关系，一旦发生联系就再次落入洛克式反映论的泥淖。另一方面，马克思的认识论虽然也是反映论，但却是能动的反映论，即主体在自己的创造物中直观自身，而且主体只能在反映自己的主体化世界中直观自身。因此对于马克思的认识论来说自然只能是人化自然。这样，人与自然的关系就是人与自己物化世界的关系，一种并非人与异己物的关系而是人与自身劳动结果的关系。从而，自然界成为一种关系性存在，而非孤立的与人对立性的存在。其中最重要的就是人与自然界的这种关系是一种人的整体性关系而非个体人与自然界的关系，个体人与自然界是不构成关系性存在的。

第二，人对自身的普遍性关系。马克思理解的人并非孤立的静止的状态，而是要能动的状态，这可以由人的自然属性得到部分证明。但是，人与动物有着本质的不同。"动物只在直接的肉体需要的支配下生产，而人甚至不受肉体需要的影响也进行生产，并且只有不受这种需要的影响才进行真正的生产。"[①] 这个生产劳动过程使得人与自身的关系得以呈现出来。马克思在批判黑格尔的劳动概念时既指出了他的正确之处又指出了他的不足之处。人本身就是劳动创造出来的，是劳动的结果。"人同作为类存在物的自身发生现实的、能动的关系，或者说人作为现实的类存在物即作为人的存在物的实现，只有通过下述途径才有可能：人确实显示出自己的全部类力量——这又只有通过人的全部活动、只有作为历史的结果才有可能——并且把这些力量当作对象来对待，而这首先又只有通过异化的形式才有可能。"[②] 人与自身的关系就是人创造自己的过程，这个过程中的人不

---

① 马克思，恩格斯. 马克思恩格斯全集：第 3 卷［M］. 北京：人民出版社，2010：273.
② 同①：320.

是个体性人，而是人所共有的存在。在这个过程中，人们发现了自身是类存在、普遍性存在，同时创造出普遍性的意识与生活本身。人所共有的普遍性力量的展现是通过人的自我劳动。人自身作为一种存在本身就需要创造出来，而这个过程就是人的生成过程。人认识自身只能通过自己的劳动生产，通过把自身外化出来的过程，人才能认识自己，这样才会有人与自身的关系问题。

这个过程具有普遍性，强调人作为一个能动的现实存在。人的自身是一个劳动生成的过程，通过劳动生产人把自己的力量对象化出来，在这个过程中人认识自己。劳动是现实的物质生产劳动，人自身也是现实的生成过程。自己劳动生产满足自己的产品活动从人类社会一开始就是不存在的。通过历史人类学的考察，早期人类也是群居动物，生产生活也是社会性的。而在规范性意义上，人的自我生成是一个类活动，不是为了满足某种特殊的需要，而是为了满足作为类存在的总体性需要。人认识自身或者满足自身的活动都是通过劳动实现的。"人对自身关系只有通过他对他人的关系，才成为对他来说是对象性的、现实的关系。"① 在这个过程中，人与自身的关系内含人与人之间的关系，也就是说人与人之间的关系并不是单个个体之间的关系，主体之间的关系内在于主体内部。易言之，主体的存在本身就是社会性的存在。

第三，人与人的普遍性关系。马克思反复强调了人的共同存在性、人的社会性、人的共同体性等，这里面内含一个主体社会性的问题。近代以来，笛卡尔对主体的内向性论证使得主体作为先验性存在而与经验世界脱节，主体似乎是单个原子。马克思具有革命性变革意义的主体观则认为主体本身就是社会历史性的。这里面的主体是社会历史性发展的，发展的目的是主体成为超越现实的特殊规定性，而达到一种自为的存在。因为主体的社会性不是停留于自我意识阶段，而是要在现实社会中实现。主体是社会性存在的，自我意识存在本身也不是一个超越了历史的、形而上学的、孤立的存在。主体存在本身就是一个能动性的存在，"而且我承认其他人

---

① 马克思，恩格斯. 马克思恩格斯全集：第 3 卷 [M]. 北京：人民出版社，2010：276.

是人的时候，也确证了我自己本身是人。"① 相互承认是主体内在应然性存在。"如果马克思把人与人相互承认的需要视为人的根本需要，视为人成为人的过程开启与展开。如果人不把人作为人来看待的话，也就是说人不把其他人看作和自己同等的人来看待的话，人就会降到动物自然属性，人性就会被必然所束缚。"②

现实经验社会中的个人都必须把个人当作与他人具有共同本质的存在来对待。个人只有得到他人的承认才能获得人的存在这种相互承认的理论来自于黑格尔与费希特。这里面的不同就在于唯心主义假设了承认是意识本身的相互承认，因为这个历史都是意识自身的运动历史。马克思没有把历史假设为人本身的自我运动，因为这同样会陷入唯心主义的泥淖，把人的一般作为新的宗教进行膜拜，正如对自我意识的膜拜一样。但是，马克思认为真正的人不是存在人的头脑中而是要通过人的劳动在现实中实现出来。"全部历史是为了使'人'成为感性的意识的对象和使'人作为人'的需要成为需要而作准备的历史。"③ 这为人的发展树立了发展的方向。整个人类的现实历史都是在朝着人的真正自由实现而发展而前进。这个真正的人的自由实现是必然的。

2.2.2　人的需要：人的本质实现的桥梁

马克思承认外在自然界的存在，但是自然界不是独立于人而自在存在，人只能对自然进行反映来认识自然。马克思对唯心史观的超越建立在现实的个体的基础之上，有血有肉的、活生生的个体的前提，这都只能理解为马克思在《1844 年经济学哲学手稿》中对那些抽象理解人的批判。在那里马克思批判了那种假设人的存在，而又要在发生学意义上来追溯人的生成思维方式。马克思对发生学意义上的人的生成过程或者考古学上的人发展过程并不感兴趣，他仅仅假定了现实的个体的存在，历史需要假定人

---

① ZETTERBAUM M. Equality and human need [J]. American Political Science Association, 1977, 71（3）：987.

② 同①：986.

③ 马克思，恩格斯. 马克思恩格斯全集：第 3 卷 [M]. 北京：人民出版社，2010：308.

的存在，并且是现实的个体，活生生的具体个体。假定的现实个体还不能说是人，而只有开始进行为了生活的生产的人才开始成为人。

人当然也是自然生物，人的需要具有自然属性，但是即使在这种意义上，马克思也是从对象性的角度来理解这些需要的。自然界只有作为人的对象才对人有意义，人化自然，完全没有人的意识的自然是不存在的。作为人的对象也就是说作为人的需要的对象。"一方面具有自然力、生命力，是能动的自然存在物；这些力量作为天赋和才能、作为欲望存在于人身上；另一方面，人作为自然的、肉体的、感性的对象性的存在物，同动植物一样是受动的、受制约的和受限制的存在物，就是说，他的欲望的对象是作为不依赖于他的对象而存在于他之外的；但是，这些对象是他的需要的对象；是表现和确证他的本质力量所不可缺少的、重要的对象。"①

自然界作为人的生活资料的来源，直接进入人的生活世界，但是马克思肯定不会认为自然是外在的独立的自在存在，这样的假设需要回答的问题是人与自然的关系是如何发生的，而这样的假设与对问题的回答是相互矛盾的。马克思的自然界物质是作为人的对象而存在的。"饥饿是自然的需要；因此，为了使自身得到满足，使自身解除饥饿，它需要自身之外的自然界、自身之外的对象。饥饿是我的身体对某一对象的公认的需要，这个对象存在于我的身体之外，是使我的身体得以充实并使本质得以表现所不可缺少的。"②"因此，需要和享受失去了自己的利己主义性质，而自然界失去了自己的纯粹的有用性，因为效用成了人的效用。"③ 因此，马克思强调的人的需要是指人作为"公人"存在的需要。这并非指马克思把"公人"的存在作为一种独立于个体之外的存在。马克思仅仅是强调了"公人"的优先性。"私人"个体能够实现自我是在实现"公人"的基础之上成为可能的。那么个体私人属性的需要与个体公人属性的需要之间的关系是什么样的呢？简言之，个体即作为主体对象化自身的本质力量，通过另

---

① 马克思，恩格斯. 马克思恩格斯全集：第3卷 [M]. 北京：人民出版社，2010：324.
② 同①：325.
③ 同①：304.

一个主体的需要满足，实现个体的个性独特性，也实现了公人属性，人的社会本质。这里面主体表现出了两种属性——一种是个体性的存在，另一种是总体性存在。

"男人对妇女的关系是人对人最自然的关系。因此，这种关系表明人的自然的行为在何种程度上成为人的行为，或者，人的本质在何种程度上对人来说成为自然的本质，他的人的本性在何种程度上对他来说成为自然。这种关系还表明，人具有的需要在何种程度上成为人的需要，就是说，别人作为人在何种程度上对他来说成为需要，他作为个人的存在在何种程度上同时又是社会存在物。"① 也就是说人成为思考的人、有意识的人，我意识到自己也意识到他人，这样的人才是作为人而存在。不是仅仅作为自然性的物质性的存在，而是有意识的，人的存在，因为自我意识是人区别于其他动物的主要特征，这样人的需要不是作为一种外在于人的需要、一种必然性的需要，相反是作为一种意识到的需要，我知道自己的需要，我作为有意识的我，既意识到自己作为社会性存在也意识到其他人作为社会性存在，因此需要本身就是社会性的需要。

马克思在考察人类活动应然状态的时候"在你享受或使用我的产品时，我直接享受到的是：既意识到我的劳动满足了人的需要，从而使人的本质对象化，又创造了与另一个人的本质需要相符合的物品。"② 当人的劳动满足人的需要的时候，也是人的本质对象化的过程，抑或者人的本质对象化就等于人的劳动满足人的需要。这个过程并非单个主体的行为，相反这里面体现着主体之间的相互关系，因为人的劳动本身还创造出了满足另外一个主体需要的产品。在这个意义上，满足人的需要的产品在双重意义上体现着人的本质——一方面是体现生产者的对象化本质，另一方面是创造出来了满足另一个主体的需要的享受对象。而这种意义上的需要属于"内在必然性的需要"。哲学史上对于必然性有多种解读，主要分为外在必然性与内在必然性。而这一区分主要归功于斯宾诺莎。斯宾诺莎在讨论自

---

① 马克思，恩格斯. 马克思恩格斯全集：第 3 卷 [M]. 北京：人民出版社，2010：296-297.
② 马克思. 1844 年经济学哲学手稿 [M]. 北京：人民出版社，2000：184.

由与必然性的时候，对必然性做出了划分，即外在必然性与内在必然性。而内在必然性就等同于自由，这种必然性来源于上帝，因为上帝是自我规定的。

从这里我们还能发现，马克思并非排斥个人，认为个人的生产内在地联系着人的共同性、整体性。一方面是个人在对象化活动，但是个人的对象化活动需要一个共同的基础、一个可通约的标准。另一方面是人的共同性、整体性并非外在于个人的一种存在。按其本真意义来说，个人的共同性、整体性是内在于个人的活动，个人的对象化活动本身就包含着人的共同性活动属性。个人的活动是否包含着共同性这个属性，只有通过另外一个主体的享受或者使用其产品才能得到证实。这个观点到资本论时期就丰富成了马克思价值学说。马克思直接从作为人的生产过程，过渡到人的享受过程，这里面没有讨论产品之间的相互交换，这与资本论时期对交换环节的重视是有着很大区别的。在直接的消费环节，马克思证实了产品应该是人的本质的实现，个人与类之间的冲突是通过人来中介的。个人与类之间的冲突是马克思一生都在思考的问题，这也是现代性的核心问题，即个体与社会的问题。所以马克思强调在个人的生命表现中，创造出了另一个主体的生命表现，而这在一方面证实了和实现了个人本质，这个本质并非单个人所具有的，而是体现着共同性的本质，"人的本质，我的社会本质"①。

需要是人与自然、人与人之间最直接的中介，使得人的普遍性的本质能够得以实现，而非停留于假设或者说玄想阶段。这个过程是通过劳动实践得以完成的，需要体现为劳动实践的内在动力。第一，需要的满足是生产劳动的动力。马克思在评论黑格尔的《精神现象学》时，称赞黑格尔"他抓住了劳动的本质，把对象性的人、现实的因而是真正的人理解为人自己的劳动的结果"②。人类在改造外在自然世界的劳动过程中，同样改造着人本身，改变了人的需要以及满足需要的方式，因为劳动首先表现为

---

① 马克思. 1844 年经济学哲学手稿 [M]. 北京：人民出版社，2000：184.
② 马克思，恩格斯. 马克思恩格斯文集：第 1 卷 [M]. 北京：人民出版社，2009：205.

满足需要的劳动。需要本身内在的要求需要对象，满足需要的过程就是创造对象性本身的过程。劳动实践本身就是满足需要的过程。马克思在《关于费尔巴哈的提纲》中提到："全部社会生活在本质上是实践的。"① 为了满足人的需要，人运用自身的力量进行自由自觉的活动，表现为劳动，本质上具有实践性。"劳动过程……是制造使用价值的有目的的活动，是为了人类的需要而对自然物的占有。"② 需要是人类活动的起始点，马克思说过"任何人如果不同时为了自己的某种需要和为了这种需要的器官而做事，他就什么也不能做。"③ 为了满足人的需要人类进行的生产活动，"需要，也就是创造出生产的观念上的内在动机……生产的对象，把它作为内心的图像、作为需要、作为动力和目的提出来。……没有需要，就没有生产。"④

　　第二，需要作为人类社会生产活动的动力、目的，激励着人们进行社会形态的变革。在满足需要的社会生产过程中，人的主体能动性和创造性得到发挥与体现。关于马克思社会基本矛盾动力机制问题，传统的理解强调阶级斗争是直接动力，生产力与生产关系的这一社会基本矛盾运动是根本动力，阶级斗争是社会基本矛盾的表现形式。这种解释面临着最大的挑战就是，历史成了没有主体人的历史，仅仅表现为历史自身的自我运动。赫勒批判了以阶级利益、阶级冲突为历史发展动力的解释视角。她认为马克思并没有使用利益这一概念作为社会形态变革的主要动力，而是利用需要概念，尤其是激进需要概念。赫勒通过对马克思需要概念的梳理，认为激进需要才是社会形态变革的动力。需要的满足会产生新的需要，而新的需要并不一定能够在既定的社会经济结构中得到满足，得不到满足那部分需要就成为对现存社会经济结构的否定力量，一种批判与超越的力量。"根据这个理论，工人阶级（集合体）的革命斗争，凭借其激进需要和革

　　① 马克思，恩格斯. 马克思恩格斯文集：第1卷 [M]. 北京：人民出版社，2009：162.
　　② 马克思，恩格斯. 马克思恩格斯文集：第5卷 [M]. 北京：人民出版社，2009：215.
　　③ 马克思，恩格斯. 马克思恩格斯全集：第3卷 [M]. 北京：人民出版社，1960：286.
　　④ 马克思，恩格斯. 马克思恩格斯文集：第8卷 [M]. 北京：人民出版社，2009：15.

命实践才能保证转变和创造一个未来的新社会。"①马克思激进需要概念包含着对现实社会的否定，同时也包含着一定的目的性，那就是人的需要的全面发展。马克思认为的理想社会形态是各尽所能、按需分配。

人类的劳动实践不仅改造着外在的自然界，同时也改造着人本身，从这个视角马克思认为劳动创造了人本身。我们也必须看到这种劳动实践并非无目的的活动，首先就表现为满足人的需要，毫无疑问，人的需要满足方式会随着社会发展而不断变化，但是这个过程却一直是人的本质力量的实现。马克思强调人的本质实现确证的过程，满足人类需要的生产活动并不是单个人的孤立的、抽象的活动，而恰恰相反是一种社会生产活动。从而与马克思把人的本质在其现实性界定为社会关系的学说保持了内在的一致性。

2.3　需要的异化

2.3.1　人的需要内容异化

这里应该区分出来人的需要的本真意义上的实现与在资本主义社会制度下需要的实现。这个区分是有重要意义的，因为这样的区分，使得马克思的规范性理论成立，并且对资本主义的批判成为可能。对资本主义的实证研究是依赖于对人的本真意义上的应当情况的。而对资本主义的超越之路就在于对资本主义的分析，从而找到差异与出路。需要的异化主要是指"人不再被当作人"来对待，相反人被看成了社会结构中的功能性角色来对待。典型的是"国民经济学把工人只当作劳动的动物，当作仅仅有最必要的肉体需要的牲畜。"② 国民经济学这门科学的研究假设了人不再是本真性存在，人的总体性受到了分割，国民经济学家的视野里面的工人仅仅是

---

① HELLER A. The theory of need in Marx［M］. New York：St. Martin's Press，1976：86.
② 马克思，恩格斯. 马克思恩格斯全集：第 3 卷［M］. 北京：人民出版社，2010：233.

劳动工具而已。这主要体现在马克思摘抄过欧·比雷《论英法工人阶级的贫困》1840 年巴黎版第 1 卷"雇主用只够满足工人最迫切需要的低价格来购买工人的劳动"①。工人的需要失去了人本真性的需要意义，仅仅作为工具性存在。作为工具的工人的需要仅仅是指满足最低限度的生存状态。为了保证工人劳动力的价格维持在最低水平，雇主会压低工人的需要水平，使其仅仅维持在最迫切的需要水平，从而获得更多的利润。

马克思对比了社会主义前提下的需要与私有制前提下异化需要的情况。"在社会主义的前提下，人的需要的丰富性，从而某种新的生产方式和某种新的生产对象，具有什么样的意义。人的本质力量的新的证明和人的本质的新的充实。"② 我们可以发现，在社会主义的前提下，人的需要的丰富可以等同于人的本质力量的新证明与人的本质的新充实——这是应然状态。然而在私有制的前提下，"每个人都力图创造出一种支配他人的、异己的本质力量，以便从这里面找到他自己的利己需要的满足。"③ 马克思把私有制、利己需要密切地结合起来对资本主义社会进行批判。"因此，对货币的需要是国民经济学所产生的真正需要，并且是它所产生的唯一需要。"④ 这就和上文的关于富有的人的需要的论述结合起来了，新的需要的产生并非来自社会生产力的发展，或者满足需要的工具的发展，而是人的本质的丰富性，是人本身的丰富性是需要的产生来源，人应该实现自己的这种丰富性，展现自己的丰富性。

2.3.2　人的需要形式异化

"我们看到富有的人和富有的人的需要代替了国民经济学上的富有和贫困。富有的人同时就是富有的总体的人的生命表现的人，在这样的人的身上，他自己的实现作为内在的必然性、作为需要而存在。"⑤ 需要作为内

---

① 马克思，恩格斯. 马克思恩格斯全集：第 3 卷［M］. 北京：人民出版社，2010：249.
② 同①：339.
③ 同①：339.
④ 同①：339.
⑤ 同①：308.

在的必然性，是人的本质实现的动力。"因此，这种劳动不是满足一种需要，而只是满足劳动以外的那些需要的一种手段。"①在这里马克思区分出来两种类型的需要——一种类型的需要是与劳动直接等同的，另一种需要是人的劳动活动相区分的。第一种类型的需要就是与人的本质存在相适应的需要，马克思反复强调了人的本质只能通过人的活动来认识，并不存在抽象的人的本质概念。人只能认识其自身的历史获得自身的知识，从而理解自身。在这个层面上，人的活动就是具有人的本真性活动的意味，人的对象化活动本身就是认识人自身的过程。在这个意义上人的劳动是在对象化人的本质，同样意义上的需要是具有人的本质的属性的需要。人在满足人的本真属性的需要的时候，人是在实现自己的本质，直面人的本质，直观自身。而这种需要的特点来源于人的活动特征。另一种类型的需要则是属于外在的、偶然的需要。这种需要的产生的前提是私有制。人的劳动本身不再是实现、证实自己的本质，相反则是为了生存、为了生活资料，满足自己的生理存在。这样的生命活动不再是人的生命活动，而是对人生命的异化。劳动不能带来快乐，相反都是痛苦，不是对人的本质的确证、实现，而是人的本质的丧失。

人是目的，这是启蒙运动留下来的最宝贵的思想财富。在康德看来，人只能被当作目的本身，而不能被当作手段。人是目的本身是对功利主义伦理学的核心批判。因为人不能被当作手段去实现人本身之外的其他目的。在马克思这里人的目的性存在是需要被实现的、被确证的。人的需要是人实现其目的性存在的基础。"因为，首先，劳动这种生命活动、这种生产活动本身对人来说不过是满足一种需要即维持肉体生存的需要的一种手段。"②"动物只在直接的肉体需要的支配下生产，而人甚至不受肉体需要的影响也进行生产，并且只有不受这种需要的影响才进行真正的生产。"③ 在私有制下，人的需要成为动物的需要，人的需要仅仅成为肉体的

① 马克思，恩格斯. 马克思恩格斯全集：第3卷［M］. 北京：人民出版社，2010：270.
② 同①：273.
③ 同①：273.

需要。"私有制不懂得要把粗陋的需要变为人的需要。"黑格尔在市民社会中仅仅发现了需要的个体性，其实需要本身具有公共属性，这个属性是与人的本质直接相连的。因为人只有通过人的活动来认识其自身，这个本体论与认识论分离的问题，马克思是通过人的活动来解决的，而在这个活动中，"他们自己的实现作为内在的必然性、作为需要而存在的"①。马克思认为对象化发于个人个性，但是对象化的结果需要另一个主体的承认，而在这个层面上，人作为人而相互承认，实现自己的本质，确证自己的本质。这个本质并不是个人所具有的抽象物，而是社会性存在、共同性存在。

---

① 马克思. 1844 年经济学哲学手稿［M］. 北京：人民出版社，2000：90.

3 需要与价值：
基于政治经济学批判的考察

　　价值无疑是马克思哲学体系中非常重要的一个理论范畴。然而目前国内外学界对这一个重要理论范畴的理解却呈现马克思价值哲学、政治经济学与伦理学的三家分立的状态。一方面是马克思价值哲学与马克思政治经济学的分裂，另一方面是马克思价值哲学与马克思伦理学的分裂。国内对马克思价值哲学的研究肇始于"实践是检验真理的唯一标准"的大讨论，开启了对马克思主体理论、人学学说等马克思研究的新篇章。从问题意识的角度，国内价值哲学与国外的马克思伦理、道德思想研究是一致，然而两者的话语体系构建却泾渭分明。传统上认为历史唯物主义新方法的发现，马克思将自己的重心转向政治经济学研究，价值的讨论主要在经济学领域，对于人本身的价值的这种思考被马克思斥为意识形态。那么，如果历史唯物主义仅仅是实证科学，马克思的价值哲学是不是仅仅存在于马克思的早期哲学文本？后期的价值概念是否仅仅在政治经济学这一铁律的领域里？马克思的价值哲学、伦理思想与政治经济学是否存在沟通的可能？我们认为通过对马克思的文本研读，在以往研究的基础上，发现被遮蔽的马克思，从而能够打破价值哲学研究的困境。本章将重点讨论基于需要理解的价值概念如何能够发现马克思的思想贯通始终。

3.1 价值的生成与实现

马克思曾经在瓦格纳的政治经济学教科书问题中对价值概念进行了梳理。可以看出价值问题在整个哲学史上具有非常重要的地位。传统理解的价值理论主要是指伦理价值与审美价值，近代以来的价值理论才增加了经济价值这一向度。传统的价值范畴属于哲学研究领域，近代的价值范畴则属于经济学研究领域，这样就造成了二者似乎是天然的分裂状态。尤其是近代自然科学的兴起更是加剧了社会科学的实证化步伐，这就使得经济学研究的价值范畴与哲学的价值范畴几无融合的可能。然而，不得不说的是，这是基于一种形而上学式的理解。一方面，哲学研究中价值被认为是超验的、不变的永恒存在；另一方面，经济学认为价值是一种基于供求的效用关系。通过对价值哲学进行历史梳理，李德顺概括五种不同价值存在论上的学说，提出了理解马克思价值哲学的实践维度。然而，关于价值讨论的实践维度并没有得到深入讨论，没有对沟通主客体关系的需要概念本身进行界定，使得价值哲学的价值更像是使用价值。这个遗留下来的问题给马克思价值哲学本身带来了很大的麻烦，概言之就是价值使用价值化，给相对主义留下了空间。进而本来价值哲学讨论是为了给社会实践提供标准，反而造成了价值的混乱。马克思理解的价值是在社会历史发展的视域下进行的。这里面包含两层意思：一方面，由于马克思认为人是生成的，价值只能是人的价值，因此价值也是生成的，不存在超验的抽象的价值；另一方面，人的生成不能停留于自我意识的层面，真正的生成需要得到实践的检验。价值同样需要实现过程，价值蕴含着一种普遍性，这种普遍性来自于价值是人的劳动创造的，这种人类劳动使得价值成为交换行为的基础。成功的交换使得价值成为真正的价值，也就是价值得到了实现。

3.1.1 两个尺度：对一段经典文本的再考察

国内关于马克思主义价值哲学讨论的主要文本依据是《1844 年经济学

哲学手稿》中的一段话，即"动物只是按照它所属的那个种的尺度和需要来构造，而人懂得按照任何一个种的尺度来进行生产，并且懂得处处都把内在的尺度运用于对象；因此，人也按照美的规律来构造"①。这里从人与动物的活动性质不同为出发点，动物虽然能进行满足自己生存的活动，但是却仅仅局限于自己的物种尺度，不能超越这个局限。相反人却能按照内在尺度即主体尺度与外在自然的尺度即客体尺度进行生产，从而得出存在两个尺度——一个尺度是对象的尺度，另一个尺度是人的内在尺度。

如果上面的论述是正确的，那么现阶段关于价值的本质讨论的困境就能够很好理解了。关于价值的客观性是首要问题，目前学界支持与反对基于需要建构价值本质的双方论证过程可以进行如下概括。对满足需要论者进行价值判断提供基础的支持者认为"两个尺度，是人类认识世界和改造世界，包括人类自我认识和自我改造活动所特有的、普遍的内在尺度，是实践活动的内在尺度。这两个尺度具有客观的、必然的性质和作用，从而成为历史发展的基本法则"②。即使两个尺度是实践的内在尺度，如何论证两个尺度的客观性、必然性仍然是一个问题，否则将难免有独断论之嫌。以历史发展的视角看待人的生存与发展就会发现"人的生存和发展过程，就是通过改造自然界和社会以及自己的能力以满足和发展自己需要的过程"③。为了进一步论证需要的客观性，满足需要论者认为"需要产生于主体自身的结构规定性和主体同周围世界的不可分割的联系。每一主体的自身结构和规定性都是历史地形成的，有什么样的主体结构，就产生什么样的需要；主体自身结构的每一规定、人同周围世界普遍联系的每一环节，都产生一定的需要。需要代表着主体与客体之间一种客观的、必然的联系"④。

因此，按照两个尺度的解读方式，主体尺度成为价值尺度，这是没有问题的，价值问题取决于主体内在尺度问题。接下来，价值本身定义为

---

① 马克思, 恩格斯. 马克思恩格斯全集：第3卷 [M]. 北京：人民出版社, 2010：274.
② 李德顺. 价值论：一种主体性的研究 [M]. 3版. 北京：中国人民大学出版社, 2013：50.
③ 同②.
④ 同②：51.

"价值，是对主客体相互关系的一种主体性描述，它代表着客体主体化过程的性质和程度，即客体的存在、属性和合乎规律的变化与主体尺度相一致、相符合或相接近的性质和程度"①。价值与需要之间的关系就是："需要得到满足或目的得到实现的程度，是主客体之间价值关系发展程度的标志。"② 这样，价值就成为了属性，这样的价值概念就陷入了静止的形而上学式的状态。马克思理解的人是生成的、能动的、历史发展的，人的价值也是不断生成的，正如主体内在的需要结构是生成的发展的一样。

当然也有对这种解读提出不同意见的，也就是对满足需要论持否定批评意见的观点，王玉樑认为需要这种主体的属性很难说清主观任意性问题，所以他认为价值不应该建立在满足需要的基础之上，而是提出了效应价值论。"效应价值论或实践效应论坚持从价值的客观存在出发，按照价值存在的本来面目去研究价值，从主客体相互作用产生的对主体的效应出发，从主客体相互作用中的客体主体化，客体对主体的效应出发理解价值。"③ 他认为这个概括有两个优点："这样既克服了西方主观主义价值论特别是情感主义唯主体论的单极思维的片面性，又克服了西方客观主义价值论的单极思维的片面性，坚持全面、彻底的关系思维，为辩证地科学地理解价值奠定了基础。"④

可以说两者在某种程度上都是主客二分的结构下来思考价值问题的，如果在这样的理解前提下，马克思的价值概念就变成了效用价值概念，这是把马克思的价值哲学不是推进了而是倒退了。在关系这一维度来理解的价值，虽然能超越抽象人本主义的价值观，但是对动态的价值生成就造成了遮蔽。这样的价值哲学很容易与效应论、后果主义伦理学相混淆。虽然主客体的维度没有错，但是与传统经验主义理解的主客体关系相比，马克思具有革命性的变革。主客体的存在状态并非一种静态的关系维度，相反是一种动态的变化维度。这一点虽被注意到了，但是理解不够深入。尤其

①　李德顺. 价值论：一种主体性的研究 [M]. 3 版. 北京：中国人民大学出版社，2013：51.
②　同①.
③　王玉樑. 从理论价值哲学到实践价值哲学 [M]. 北京：人民出版社，2013：19.
④　同③：21.

是对需要本身的动态理解。马克思的价值哲学是主体内在的价值论，是劳动价值概念，这个在哲学与政治经济学之间并没有根本的断裂。

首先，不得不说的是，从文本中我们很难推断出来两个尺度的划分。两个尺度的划分直接的文本依据应该说来自"随着对象性的现实在社会中对人来说到处成为人的本质力量的现实，成为人的现实，因而成为人自己的本质力量的现实，一切对象对他来说也就成为他自身的对象化…… 对象如何对他来说成为他的对象，这取决于对象的性质以及与之相适应的本质力量的性质"①。国内研究的主要代表性观点为"因此，明确而完整地表述的两个尺度是：①'对象的性质'所决定的客体尺度；②人的'本质力量的性质'所决定的主体内在尺度"②。这里面的问题就是把对象直接等同于了客体，这样就把德国古典哲学的贡献给遮蔽了。马克思的客体概念是建立在康德的哥白尼式革命基础上的。在德语语境中表达客体有两个概念——objekt 和 gegenstand，英文只有 object，中文在翻译的时候区分了客体与对象。因此问题就是在客体与对象之间混淆了，从而带来了这种理解上的偏差。

马克思是在借鉴黑格尔对这两个词的区分的基础上进行理论建构的。黑格尔在阐述外在自然意义上的客观事物时使用 objekt，而在表达与主体相对应的精神层面的对象物时使用 gegenstand③。一方面，马克思虽然承认外在自然界的优先地位，但是由于外在自然界独立于主体而存在，主体永远不可能对一个独立于主体之外的世界发生认识关系，一旦发生联系就再次落入洛克式反映论的泥淖。另一方面，马克思的认识论虽然也是反映论，但却是能动的反映论——主体在自己的创造物中直观自身，而且主体只能在反映自己的主体化世界中直观自身。因此对于马克思的认识论来说自然只能是人化自然。

其次，人在进行生产活动的时候，不是为了满足自己的肉体需要，

---

① 马克思，恩格斯. 马克思恩格斯全集：第 3 卷 [M]. 北京：人民出版社，2010：304-305.
② 李德顺. 价值论：一种主体性的研究 [M]. 3 版. 北京：中国人民大学出版社，2013：49.
③ INWOOD M J. A Hegel dictionary [M]. Oxford：Blackwell Publishing Ltd，1992：203.

"并且只是不受这种需要的影响才进行真正的生产；动物只生产自身，而人再生产整个自然界；动物的产品直接属于它的肉体，而人则自由地面对自己的产品"①。马克思在这里所说的内在尺度，主要是指人的内在需要结构，对象是在人为改造自然界之后形成的，为我的存在。而劳动之所以可能就因为"劳动的对象是人的类生活的对象化：人不仅像在意识中那样在精神上使自己二重化，而且能动地、现实地使自己二重化，从而在他所创造的世界中直观自身"②。

马克思在以知识论为背景的价值哲学中，强调了现实人为知识主体的思想。康德的知识论的最大特点是主体并非与现实的人统一，而是逻辑学意义上的主体，仅仅因为先验知识需要一个知识者把握知识，康德才悬置了一个主体。在这个主体内部存在着一个张力就是主体既作为心智综合的积极中心，又是一个消极的直觉接受者③。这里的张力成为康德以后德国观念论（idealism）解决的重要问题。费希特尤为期望开拓甚至系统化康德开启的观念论思想。他在整合康德分裂的理论理性与实践理性中，重视人的实践理性，开启了主体人的相互承认问题，黑格尔在某种程度上就继承了费希特的相互承认理论④。虽然在某种意义上都是在讨论知识主体的问题，然而黑格尔却做出了重大贡献，即在对知识主体的探讨引入了历史主义。黑格尔放弃了康德的先验主体，将理性本身的规律放到理性在自己外化的历史过程中认识自身。马克思继承了黑格尔的历史主义的思维方式，用现实的人替代了黑格尔的绝对精神。最早在《黑格尔法哲学批判》中，马克思就批判了黑格尔的神秘主义，把现实的人理解为理性的规定性。这一思想的转变借鉴了费尔巴哈对黑格尔宗教批判采用的方法，马克思重新为现实的人找到了主体位置。

最后，我们可以得出的两点结论：第一，马克思的价值论是内在价值

① 马克思，恩格斯. 马克思恩格斯全集：第3卷［M］. 北京：人民出版社，2010：273-274.

② 同①：274.

③ HOFFMAN P. The anatomy of idealism passivity and activity in Kant Hegel and Marx［M］. Dordrecht：Martinus Nijhoff Publishers，1982：14.

④ ROCKMORE T. Fichte，Marx，and the German philosophical tradition［M］. Edwardsville：Southern Illinois University Press，1980.

论，这个价值是基于主体的内在必然性的。对象是主体对象化的结果，体现主体的性质。第二，价值是劳动生成的，劳动是人的根本需要，人必然要劳动。同时，并非所有的劳动都是生成价值的劳动，只有那些来自主体的内在必然性的劳动才是生成价值的劳动，这个特别明显地表现在马克思讨论何种劳动生成剩余价值的时候。马克思的价值追寻在某种程度上就可以概括为活劳动何以能够挣脱死的劳动压迫。

3.1.2　人的价值生成：劳动作为根本需要

马克思理解的价值兼具哲学与政治经济学意义。在哲学上，价值是人的本质力量的对象化，对象化劳动是价值的源泉；在政治经济学上，价值决定着人与人之间特殊劳动产品的交换。在哲学上，价值作为核心概念是道德伦理判断的基础。马克思批判抽象先验的价值判断，这是基于马克思对人的生成论理解。马克思同样反对价值观念的永恒化，把对价值观念抽象化理解，斥之为意识形态。人的生成与实现为价值的生成与实现奠定了基础。马克思把价值理解为内在生成与实现是与马克思发现唯物史观同步的。劳动价值论并非马克思的发现，但是马克思一直都坚持这个出发点，马克思的伟大发现是剩余价值学说。在唯物史观的视域下可以很好地理解道德文化的价值是在经济基础之上建立起来的。所以，价值学说不是外在于马克思的唯物史观的独立学说，而是与马克思的唯物史观相一致的。马克思强调经济基础是人的内在本质的外化，循着这样的思路我们也能认为马克思的价值学说也应该建立在人的主体内在本质的外化的基础之上。价值的属性问题由劳动来决定。

"劳动的产品是固定在某个对象中的、物化的劳动，这就是劳动的对象化。劳动的现实化就是劳动的对象化。在国民经济学假定的状况中，劳动的这种现实化表现为工人的非现实化，对象化表现为对象的丧失和被对象奴役，占有表现为异化、外化。"① 如何理解对象这个概念在劳动中的地位，现实化的理解与非现实化的理解问题，现实化表现为本质的体现，表

---

① 马克思，恩格斯. 马克思恩格斯全集：第3卷 [M]. 北京：人民出版社，2010：268.

现为本质的外化，包含着理性的力量的外化，是本质的一个部分，是本质性的体现，而非现实化就是相反的过程，表现为对本质的束缚性作用。本质的存在需要对象作为本质的体现物，对象是本质的对象，是人的对象。对象是人的本质活动的固化、固定化，人的活动需要一个客体作为人的活动的物质承载者。在人的活动过程，物质本身得到了改变，因为把自己的本质固定在这个物质对象上了。也就是说物质成为了为我的存在，我的本质得到了确证，我得到了改变，同时物质对象也发生了改变。主体与客体在社会实践中不断改变自身。得到改变的人类活动的产品，结果表现为人的对象化，人的本质的现实化，人的劳动的对象化等同于人的劳动的现实化。在资本主义社会，在国民经济学中，这种表现为工人的非现实化，也就是说是人的非现实化，工人不是作为人而出现，相反是作为工人这种对人的本质的非现实的东西而存在。这样，客体对象与主体的分离才会是对象的丧失与对象对主体人的奴役，不然的话，客体对象无所谓丧失与奴役。这样，马克思应该反对主客完全分离的假设。

在黑格尔之前，应该说劳动尤其是物质生产活动在西方传统中一直是处于消极地位。"按照基督教的观点，劳动原初并非自身就是值得赞扬的成就，而是罪的报应和惩罚。人自从由于自己的罪而被诅咒要劳动以来，就必须汗流满面地劳动。作为一种生硬的、讨厌的强制，劳动在本质上是必需、劳累和苦难。"① 这样的劳动观念被黑格尔、马克思所改变。"康德通过对多重现象（质料因）和知性范畴（形式因）的综合而用纯粹理性构造经验世界，黑格尔谈到劳动——即便是精神劳动——作为文化形式创造者，是绝对精神寻求自身同一性和自我意识的显现，而马克思则同时在手工劳动和脑力劳动中来讨论个体的自我意识、自由创造性。"② 黑格尔发现了劳动在意识现实化中的积极作用，"需要和手段，作为实在的定在，就

---

① 洛维特. 从黑格尔到尼采 [M]. 李秋零, 译. 北京: 生活·读书·新知三联书店, 2006: 356.

② 麦卡锡. 马克思与古人: 古典伦理学、社会正义和19世纪政治经济学 [M]. 王文扬, 译. 上海: 华东师范大学出版社, 2011: 216.

成为一种为他人的存在，而他的需要和劳动就是大家彼此满足的条件。"①

　　个体之间的关系是通过需要与劳动进行沟通的，劳动满足个体之间的不同需要，从而使得个体之间获得相互承认的关系。与此同时，劳动还是意识把自己的内容对象化出来的重要手段。但是，马克思并非完全接受黑格尔的劳动概念，而是批判了黑格尔的劳动概念。既指出了黑格尔从劳动出发理解人的积极意义，又批判了黑格尔没有看到异化劳动状态。随着生产力的发展，异化劳动最终会消失，而真正的自由劳动将会实现。"把超越了现实中的外在强制性的、全面而自由的劳动规定为人的本真意义的存在方式，是马克思关于人的存在问题的重大哲学创见，它不仅是马克思表征人类解放和共产主义理想不可缺少的概念，而且构成了马克思对资本主义异化批判的基本理论前提。"② 这个观点在马克思晚年著作《哥达纲领批判》中再次得到印证。

　　"在共产主义社会，在迫使个人奴隶般地服从分工的情形已经消失，从而脑力劳动和体力劳动的对立也随之消失之后；在劳动已经不仅仅是谋生的手段，而是本身成为生活的第一需要之后；在随着个人的全面发展，他们的生产力也增长起来，而集体财富的一切源泉都充分涌流之后，——只有在那个时候，才能完全超出资产阶级的狭隘眼界，社会才能在自己的旗帜上写着：各尽所能，按需分配！"③ 价值是由劳动生成的，劳动作为第一需要何以成为可能？针对这一问题，肖恩·塞耶斯（Sean Sayers）把劳动与休闲都当作人的根本需要，"人们不再将工作看成一种责任，而是看成一种需求，这种需求已经成为人性不可缺少的组成部分"④。然而，这似乎是在转移问题而不是在解决问题，因为马克思把劳动归因于人性这同样需要给出合理的解释。艾伦·伍德（Allen Wood）则认为马克思理解的劳

---

　　① 黑格尔.法哲学原理［M］.范扬，张企泰，译.北京：商务印书馆，1961：207.
　　② 张盾.哲学经济学视域中的劳动论题：关于马克思与黑格尔理论传承关系的微观研究［J］.南京大学学报，2006（5）：11.
　　③ 马克斯，恩格斯.马克斯恩格斯选集：第3卷［M］.北京：人民出版社，1995：305-306.
　　④ 塞耶斯.马克思主义与人性［M］.北京：东方出版社，2008：71.

动是人的自我确证①。马克思并不是认为所有情况下的劳动都是人的自我确证。只有自由的劳动才能是人的本质力量的自我确证。马克思在早期和晚期的著作中都表达了劳动是人的本质力量的思想，所以首先能说的就是马克思没有改变自己的对人的理解，尤其是人需要对象化自己的本质力量。这是由人与动物的不同，人把自己的生活本身当作对象。也就是说人首先意识到自己的生活本身，在现实中表现出来。

劳动本身是人的内在需要，劳动产品是人对自己本质的直观，在劳动产品中体现着人的本质特征。在劳动过程中，人不仅感受到劳动的乐趣，更感受到自己被别人的肯定的。因为自己的产品不仅仅是满足自己的需要，同时也是满足他人的需要，从而在这一层次上体现着人的社会性或者说共同性的存在本质。劳动是包含着个体特殊性的对象化，正如共同性是通过劳动实践获得认同的一样，特殊性在劳动过程中同样会呈现出来。特殊性使得相互之间的交往成为可能，如果没有特殊性，个体之间的交往将不会存在。劳动动力、劳动过程、劳动结果都显示了劳动是人的内在本质性的需要，人成为人的过程需要劳动来完成。人是人的根本需要，这个需要的实现是通过劳动得到实现的。

3.1.3　自由：人的价值实现

马克思一生都在探寻人的自由实现问题。首先，自由不是一种价值观念，而是必然要实现的人的本真存在。根据唯物史观的基本原理，即社会存在决定社会意识。社会意识并不具有独立性而是由社会的经济结构决定的。作为价值观念理解的自由仅仅是在资本主义社会才成为主要的价值观念。在资本主义社会中，私有制已经使得人作为独立的原子化的个人存在，资本需要自由，而不是人真正得到自由。这个观点马克思从《莱茵报》时期开始就已经形成。其次，自由不是一种先验的假设。康德在为知识论奠定基础的时候，区分了自由因与因果律。康德认为知识不是来自经

①　WOOD A. Karl Marx［M］. 2ed. New York：Routledge, 2004：34.

验感性，相反来自主体的建构，即所谓的先验知识论。在道德实践中，康德认为人能够突破自然因果律的束缚，把道德法则普遍化，在相互承认并不矛盾的基础上，实践自由为道德实践立法。

马克思并非第一个反对这个观念的哲学家，应该说他受惠于黑格尔对康德的批判。黑格尔的自由概念已经引入了历史领域。黑格尔在对道德与伦理进行区分的基础之上，认为只有蕴含着理性的自身运动本身，自由才真正地实现，而不是先验的存在，自由只能是理性在现实世界中生成的。马克思继承了黑格尔对自由的理解，但是马克思并不认为自由仅仅是意识的自由，意识对自身的一种承认。相反，马克思认为自由是现实的人的自由，自由是人在现实社会实践中生成的。而且，这个社会实践是人必然要实现的。"马克思认为自由既不是一种恩赐，也不是任何一种现实感觉中的存在，而是一种社会发展的历史产物。"① 人不是一开始就是自由的，相反是不断获得自由的，这种自由是建立在对自然必然性的不断超越的基础之上的。

最后，就是个人主义的自由与共同体主义的自由，个人主义的自由认为个人为根本出发点，个人作为最基本的单位进行了社会互动。共同体主义自由主义认为个人是受到个人所处的文化、传统的影响，所以个人的自由必然受到共同体的影响。马克思反对个人与共同体的分离，既反对把个人凌驾于社会之上，把个人孤立化，也反对把社会作为外在于个人的存在，从而用社会来压迫个人。马克思认为个人的自由是与社会共同体的自由相统一的。"只有在共同体中，个人才能获得全面发展其才能的手段，也就是说，只有在共同体中才可能有个人自由。"②

在马克思讨论自由的概念时，一定会涉及自由与必然的关系。马克思反对自由与必然是对立关系这种观点。必然性可以进一步地区分为内在必然性与外在必然性。内在必然性与自由是一致的，而且人只有是完成内在

---

① 洛克曼. 马克思主义之后的马克思 [M]. 杨学功，徐素华，译. 北京：东方出版社，2008：241.
② 马克思，恩格斯. 德意志意识形态 [M]. 北京：人民出版社，2003：63.

必然性的规定才是自由的实现。外在自然性可以再区分为两种，一种是自然必然性，一种是人为的外在必然性。"劳动作为使用价值的创作者，作为有用劳动，是不以一切社会形式为转移的人类生存条件，是人和自然之间的物质变换即人类生活得以实现的永恒的自然必然性。"① 人是一种生物体当然要受到自己生物本能的限制，但是这个限制并不是使人成为人的属性，因为任何生物都会为了满足自己的生存进行活动。这样的本能性的活动与其他动物的存在并没有什么特殊性的差别。

"像野蛮人为了满足自己的需要，为了维持和再生产自己的生命，必须与自然进行斗争一样，文明人也必须这样做；而且在一切社会形态中，在一切可能的生产方式中，他都必须这样做。这个自然必然性的王国会随着人的发展而扩大，因为需要会扩大；但是满足这种需要的生产力同时也会扩大。"② 在社会生产力发展的特殊阶段，人的天赋力量不能得到完整的发挥，人的丰富性并不能得到实现。一方面，人是现实的个体，人必然生活在一定的社会生产力发展阶段；另一方面，人是具有实现自我的能力，这种能力的发挥受到了社会生产力的发展水平的制约。在这两个方面的作用下，人受到了外在必然性的制约，而不能获得自由发展。相反，内在的必然性是人一定能实现自己的普遍性，马克思强调了人的普遍性下活动是自由的活动。

首先，马克思认为自由存在于外在必然性与内在必然性的领域。自然必然性地表现为人的生物性需要，这是必须得到满足的需要。但是马克思理解的生物性需要并非固定不变的，而是在社会发展的过程中不断地以新的形式形成和实现的。也就是说即使是生物性的需要也是以社会性的形式不断发生变化的。但是不变的是这个生物性的需要——人们为了不至于死亡而不得不满足的。这就需要生产力的发展来满足人的基本生物性的需要。生产力的高速发展"之所以是绝对必需的实际前提，还因为如果没有这种发展，那就会只有贫穷、极端贫困的普遍化；而在极端贫困的情况

① 马克思，恩格斯. 马克思恩格斯全集：第23卷 [M]. 北京：人民出版社，1972：56.
② 马克思，恩格斯. 马克思恩格斯全集：第25卷 [M]. 北京：人民出版社，1974：926.

下，必须重新开始争取必需品的斗争，全部陈腐污浊的东西又要死灰复燃。"① 也就是说，自然需要的满足是整个社会向前发展的基础。

其次，自然必然性王国内的自由会随着社会发展而不断得到扩大。满足生产力的发展，因为需要的扩大，生产力也会随着扩大。因为人口会随着生产发展而不断增加，需要就会不断扩大，这样生产力就会不断扩大，形成了循环递进。新的需要会在生产力发展的过程中形成。需要的丰富性带来人的全面发展，在这个过程中，人的潜能得到开发，人的能力也得到全面的提高。需要的发展有利于人的自由实现，但是在这个过程中也会出现虚假的需要，需要成为外在于人的需要。这里面的问题就是在自然必然性的自由与自由目的性之间的关系。

最后，马克思对必然王国里的自由与自由王国的自由之间的联系进行的说明。"在这个必然王国的彼岸，作为目的本身的人类能力的发展，真正的自由王国，就开始了。但是，这个自由王国只有建立在必然王国的基础上，才能繁荣起来。工作日的缩短是根本条件。"② 真正的自由王国的建立是在必然王国的基础之上进行的。这再次说明了马克思认为自由是建立在唯物史观的基础之上的，生产力的发展是自由的实现的根本条件。在这个视域下马克思的自由概念与时间概念联系起来了。社会必要劳动时间的减少对应着自由劳动时间的增加，自由劳动是人的本质性劳动，是人区别于其他动物性的劳动。只有在自由劳动时间里面人类活动才是自由的活动，但是这都要建立在社会必要劳动时间的满足，满足社会发展的基本需要的满足，才能满足个人的自我发展的更高的需要满足。可以说，马克思讨论自由问题也是在社会发展的视域下，自由不是先验存在，而是在历史发展中的不断实现。而对这个问题的解决就是因为马克思发现历史唯物主义的分析方法以及对政治经济学的持续研究找到超越资本社会的出路。

---

① 马克思，恩格斯. 德意志意识形态 [M]. 北京：人民出版社，2003：30.
② 马克思，恩格斯. 马克思恩格斯全集：第25卷 [M]. 北京：人民出版社，1974：926-927.

3.2 资本主义社会价值形态的微观视角

学界虽然对马克思具体思想转变存在争议，但是马克思一生中存在思想转变却是不争的事实。尤其是在《德意志意识形态》唯物史观正式形成之后，利用新的思想方法分析资本主义社会，能不能在资本主义社会中找到实现价值的途径成为马克思关注的核心。在资本主义社会中何种劳动生成价值，价值是通过何种途径获得实现的，最后资本主义社会这种社会形态本身在何种情况下是能够被超越的，这成为马克思利用新方法对资本主义社会进行分析的新尝试。所以在这个意义上，马克思讨论政治经济学并非仅仅现代意义上的价值中立的思路。

3.2.1 价值批判的原点：特殊需要与一般需要

马克思理解的价值是在具体社会中不断生成的，劳动是价值生成的唯一来源。社会劳动中具有生成剩余价值的劳动只能是自由劳动，即超过社会必要劳动的劳动生成剩余价值。在资本主义社会中社会必要劳动时间生产满足社会的必需品。剩余劳动时间生产剩余价值，这部分价值成为资本增殖部分。马克思分析价值问题是从商品的二重性开始的，也就是商品的使用价值与价值。使用价值是价值物质承担者，起到了基础性作用。商品是人类的劳动产品，但是并非所有的人类劳动产品都是商品。满足生产者本人的需要的产品不是商品，只有那些为了交换的产品才是商品。"为了变成使用价值，商品就得面对一种特殊的需要，成为满足这种需要的对象。因此，商品的使用价值之变成使用价值，是由于它们全面地变换位置、从把它们当作交换手段的人的手中转到把它们当作使用对象的人的手中，只有通过商品的这种全面的转让，包含在商品中的劳动才变成有用劳动。"①

我们发现了满足特殊需要的使用价值并非生产者的目的，而是为了交

---

① 马克思，恩格斯. 马克思恩格斯全集：第31卷 [M]. 北京：人民出版社，1998：435.

换。这样需要就不仅是作为主客体之间的桥梁，这仅仅是需要的第一个层次。商品的价值实现于商品交换过程，而商品作为商品生产者的对象性活动产物，蕴含着他者维度，因此，需要还表现为主体间性问题。"劳动产品只是在它们的交换中，才取得一种社会等同的价值对象性，这种对象性是与它们的感觉上各不相同的使用对象性相分离的。"① 而作为第二层次的需要就是起到了沟通两个不同主体的作用，因为生产者生产的商品得以成为商品就是为了满足其他生产者的需要，也只有满足了其他生产者的需要，产品才成为商品。

劳动之所以能够成为有用劳动需要满足两个条件：一是劳动产品满足了特殊需要，二是劳动本身构成了社会总需要。劳动产品满足不同生产者之间的特殊需要，不同生产者之间的交换关系能够得以成立就是因为人类劳动本身具有的等同性，也就是马克思所谓无差别人类劳动，而这个劳动满足的是社会总需要。"谁用自己的产品来满足自己的需要，他生产的就只是使用价值，而不是商品。要生产商品，他不仅要生产使用价值，而且要为别人生产使用价值，即生产社会的使用价值。"② 而在这个背后还存在一个不同商品之间能够交换的条件，交换成功是因为"两个东西只有当它们具有同样性质的时候，才能用同样的尺度来计量。各种产品能够用劳动的尺度——劳动时间——来计量，只是因为它们按性质来说都是劳动"③。劳动成为了衡量一切社会交换的共同尺度。

这样，社会劳动对于价值的生成具有质的规定性，而社会劳动时间成为衡量价值大小的量的规定性。"生产者的私人劳动真正取得了二重的社会性质。一方面，生产者的私人劳动必须作为一定的有用劳动来满足一定的社会需要，从而证明它们是总劳动的一部分，是自然形成的社会分工体系的一部分。另一方面，只有在每一种特殊的有用的私人劳动可以同任何另一种有用的私人劳动相交换从而相等时，生产者的私人劳动才能满足生产者本人的多种需要。"④

① 马克思. 资本论：第1卷 [M]. 北京：人民出版社，1975：90.
② 同①：54.
③ 马克思，恩格斯. 马克思恩格斯选集：第3卷 [M]. 北京：人民出版社，1995：617.
④ 同①.

商品的使用价值与价值这对矛盾与劳动的私人性与社会性相对立。在这里还隐含着的一对矛盾就是特殊需要与社会需要。如前所述，价值分为两个阶段，即生成与实现。所以在价值生成这里还存在着特殊需要与一般需要的划分，而价值实现即为特殊需要与社会需要的满足。在商品交换中，交换的发生经历了物物交换到通过某一种固定的一般等价物作为中介进行的交换。"作为一般等价物分离出来的商品，现在是满足从交换过程本身产生出来的一般需要的对象，它对每个人都有同样的使用价值，即成为交换价值的承担者，成为一般交换手段。"① "在使用中之物是在质和量上被规定了的单一物，并且与特种需要有关。但它的特种有用性，由于具有一定的量，可与其他同样有用性之物比较；同样，该物所满足的特种需要同时是一般的需要，因之它可以在特殊性方面与其他需要比较。"② 使用价值满足特殊需要，在资本主义制度下，使用价值的实现通过商品交换，以物的形式相互满足特殊需要，使用价值得到实现。同时，在这个过程中，私人劳动的社会性质得到体现。因为商品之所以能够交换还说明存在某种共同的东西作为基础使得交换成为可能。也就是说，特殊需要是社会需要的一部分，私人劳动是社会总劳动的一部分。社会总劳动是私人劳动的总和，社会需要是特殊需要的总和。

马克思从商品出发进行分析，发现了蕴含在商品中的劳动二重性以及体现这种劳动的需要的二重性。满足不同生产者的特殊需要的劳动产品仅仅获得成为商品的可能性，而真正成为商品必须通过交换使得凝结在商品中的无差别人类劳动成为现实性存在，也就是说获得他人的认可。这个过程是实现价值的过程。价值的实现之所以成为可能是因为劳动本身能够满足一般需要。在这里马克思使用了辩证法的方式把特殊需要作为一般需要的具体规定来对待。特殊需要是一般需要的具体形式，具体形式会发生变化，但是一般需要在特殊需要中体现。这样，就解决了特殊需要之间不可通约的问题。特殊需要仅仅作为一般需要的具体形式，它们都是一般需要

---

① 马克思, 恩格斯. 马克思恩格斯全集: 第31卷 [M]. 北京: 人民出版社, 1998: 441.

② 黑格尔. 法哲学原理 [M]. 范扬, 张企泰, 译. 北京: 商务印书馆, 1982: 70.

不同形式的展现。所以，马克思很清楚地指出了特殊需要与一般需要的关系，也只有在这个层次上商品才能获得生成与实现的可能。而在具体社会形式下的实现过程，一般需要与社会需要还有一定的差异。社会需要是指具体的社会经济结构的能够得到满足的需要，借用西方经济学的术语即有效需求。

3.2.2　资本主义条件下价值的实现路径

资本主义制度下，价值的生成与实现是分裂的。生成的价值要满足一般需要，这仅仅是价值实现的前提，正如生产劳动的产品满足特殊需要仅仅是商品生成的前提，商品成为商品是需要通过交换环节的验证。"如果说个别商品的使用价值取决于该商品是否满足一种需要，那么社会产品总量的使用价值取决于这个总量是否合适于社会对每种特殊产品的特定数量的需要，从而劳动是否根据这种特定数量的社会需要按比例地分配在不同的生产领域……在这里，社会需要……对于社会总劳动时间分别用在各个特殊生产领域的份额来说，是有决定意义的。"① 这里的社会需要是特殊需要的总和，是会随着社会形式的变化而发生变化的。社会需要直接与价值的实现联系起来。"历史地自行产生的需要即由生产本身产生的需要，社会需要即从社会生产和交换中产生的需要越是表现为必要的，现实财富的发展程度便越高。"② 交换本身的发展程度以分工为根据。交换价值要求必要劳动时间，这个必要性是不断变化，而这个变化的根据是需要的变化。需要本身的变化并非无根据的变化的，那么，这种需要的变化也是内在于历史中，所以历史中自行产生的需要，也不是为所欲为地产生，而是由生产本身产生的，这种需要是社会需要。这种必要性是不断生成的。

这里面的思想包含着价值在资本主义社会中如何实现的问题，价值的生成是一个维度，但是价值的实现是全新的一个维度，这个维度的主要特征就是社会性。价值在多大的程度上能够实现，这是一个具体的社会经济

---

① 马克思. 资本论：第 3 卷 [M]. 北京：人民出版社，1975：716.
② 马克思，恩格斯. 马克思恩格斯全集：第 30 卷 [M]. 北京：人民出版社，1995：524.

状况问题。"使商品的价值，从而使其中包含的剩余价值不能实现。"① 正是在这个基础上，马克思阐述了生产与消费的关系。消费的限度影响了生产的实现，就是"这种限度一方面决定于作为使用价值的产品的性质，产品的特殊效用、用途，另一方面决定于需要这种特定消费的交换者人数。这种限度决定于消费者的人数乘以他们对这种特殊产品的需要量"②。此外，社会需要的实现表现为社会中各个阶级的力量的对比。"'社会需要'，也就是说，调节需求原则的东西，本质上是由不同阶级的相互关系和它们各自的经济地位决定的。"③ 社会需要是在社会历史发展中产生的，这个过程中社会的发展伴随着社会不同阶级之间激烈的阶级斗争。阶级力量的此消彼长会改变社会需要的表现形式。马克思曾经举过奢侈需要这个例子，认为奢侈需要是工人阶级之外的需要，是属于社会需要，并且会随着社会发展而变化。

最后，价值的实现过程中涉及的分配问题。"劳动时间起着双重作用。一方面，劳动时间的社会的有计划的分配，调节着各种劳动职能同各种需要的适当的比例。另一方面，劳动时间又是计量生产者个人在共同劳动中所占份额的尺度，因而也是计量生产者个人在共同产品的个人消费部分中所占份额的尺度。"④ 马克思根据劳动创造价值这一原理，劳动时间是衡量劳动唯一的根据，得出了价值的分配也应该根据劳动时间的多少来进行的结论。这里的劳动时间是指社会必要劳动时间，因为衡量劳动价值的是在一定社会形式下的社会必要劳动时间。社会必要劳动时间会随着社会生产力的发展水平而发生一定的变化。因此不能把社会必要劳动时间固定化，而应该根据社会发展变化而不断调整分配的具体的比例。"这种分配的方式会随着社会生产机体本身的特殊方式和随着生产者的相应的历史发展程

---

① 马克思. 资本论：第 3 卷 [M]. 北京：人民出版社，1975：717.

② 马克思，恩格斯. 马克思恩格斯全集：第 46 卷（上）[M]. 北京：人民出版社，1979：387.

③ 同①：203.

④ 马克思. 资本论：第 1 卷 [M]. 北京：人民出版社，1975：96.

度而变化。"①

3.2.3　资本主义条件下价值的意识形态表现

唯物史观认为任何社会意识都是对社会存在的意识，因此价值评价也是对社会价值本质的社会意识。资本主义社会的价值评价受到资本主义社会生产的影响，货币成为唯一需要的基础上，价值功利主义占据主流。这样的价值评价与现代后果主义的道德思想、与效应论的价值哲学都有天然的联系。在这里需要说明的是，这种价值判断依赖于需要概念，因为只有在货币成为唯一需要的前提下，人们的价值才能进行量化比较，从而能够进行取舍。这是基于需要异化的基础上，而不是需要的本真存在。如果笼统地把价值建立在需要的基础上的理论都斥之为效应论，那是失之偏颇的。这种理论的关键就是需要是不是人的内在要求。

货币并非从来就有，也不是一直都存在。货币是社会发展的产物。"商品交换是这样一个过程，在这个过程中，社会的物质交换即私人特殊产品的交换，同时也就是个人在这个物质交换中所发生的一定社会生产关系的产生。商品彼此间在过程中的关系结晶为一般等价物的不同的规定，因而，交换过程同时就是货币的形成过程。表现为各种过程连续进行的这个过程的整体，就是流通。"② 货币的产生是为了满足人的需要，是人的需要满足的中介。但是在资本主义的前提下，货币这种物的形式成为了压迫主体的存在。"因此，对货币的需要是国民经济学所产生的真正需要，并且是它所产生的惟一需要。"③ 这个需要却是异化的需要。这个需要是在异化劳动的作用下产生的。货币的产生是人们交换的结果，交换产生了价值，"货币才是作为价值的现实存在"④。当货币仅仅是作为等价物存在时，货币并没有获得独立地位，只有获得独立地位的货币才能成为资本。作为资本的货币已经不再是事物发展中的一个环节，而是独立于事物发展并成

①　马克思. 资本论：第 1 卷 [M]. 北京：人民出版社，1975：95.

②　马克思，恩格斯. 马克思恩格斯全集：第 31 卷 [M]. 北京：人民出版社，1998：445.

③　马克思，恩格斯. 马克思恩格斯全集：第 3 卷 [M]. 北京：人民出版社，2010：339.

④　马克思. 1844 年经济学哲学手稿 [M]. 北京：人民出版社，2000：166.

为事物发展过程中的阻碍力量。在这样的基础之上，人们信奉的道德价值观念将与社会的经济结构相适应。整个伦理道德体系将是建立在异化需要的基础之上。

首先，在资本主义制度下，资本本身作为动力同样也会生成出来丰富需要的个体，这也就是说生产活动本身生产着消费者。生产本身也在生产着人的全面发展。而这就造成了由资本造成的生产与人本身的内在的生成之间的矛盾。资本造成的生产使得人的发展是畸形的发展，一部分人获得了对另一部分人的统治地位。"精致的需要"与"粗陋的需要"之间的人为差异。在这个意义上生产蕴含着消费情况，这点马克思已经强调了。在这个层次上的生产活动仅仅是个体需要的多样性的表现。这里就需要区分出来哪种需要是资本本身作为动力生产出来的，哪种需要属于必然性的需要。超越资本的需要，也就是说能够超越资本作为动力的需要，推翻资本的统治力量。

其次，人的真正发展与虚假的社会繁荣之间的矛盾。人的真正的发展是人的自由发展。在资本主义私有制下，个人之间是分离的，这也造成了个人与人的本质社会性之间的分离。个人创造出来的财富作为人的异化物与人相对立。财富的增加并没有带来人应该的发展。马克思反对斯密的观点是在私有制下，虽然社会表现出来了繁荣的景象，但是那是一种虚假的繁荣，一种与人的发展无关的繁荣，是一种一部分人的繁荣建立在另一部分人的贫困的基础之上的。这和人的发展是无关的，属于一种有繁荣无发展的景象。个人主义是与人的本质发展相分割的，即使是社会表现出来了繁荣的景象也是和人的发展无关的，因为人的发展不是目的本身，而成为了外在于人的社会繁荣的手段，因此，建立在人是手段基础之上的社会繁荣发展不是真正的繁荣发展。

最后，价值观念的转变与经济发展的辩证关系。恩格斯在晚年对"经济决定论"式地解读马克思的唯物史观进行了批判。他说除了在归根结底的意义上经济基础起决定作用，他们再没有比这肯定更多的东西了。在具体的历史发展进程中人们价值观念与社会生产力之间存在辩证的相互作用。一方面，经济的发展、生产力水平的不断提高将必然改变生产关系的形式，这样就会影响人们价值观念的变化。价值观念作为社会意识本身只能是被意识到的社会存在，是对社会存在的一种反映。另一方面，人们价值观念的转变也会给生产力的发展带来新的空间。价值观念的变化使得从事社会生产的个人心理动机发生变化，从而对个人的行为产生影响。新的经济发展模式也有赖于人的思维模式的创新。人的价值观念的转变也会促进或者阻碍经济的发展。清朝的闭关锁国政策就使得中国社会发展被西方超越。同样，"实践是检验真理的唯一标准"这个大讨论改变了人们对社会主义的理解，就促进了社会生产力的快速发展。

4 需要与社会发展：
基于唯物史观的考察

需要与社会发展的关系问题早已被学界所重视。其中涉及的核心问题包括需要与生产的关系问题、需要与社会基本矛盾的关系问题、需要与社会发展动力的关系问题等。不得不说的是，虽然研究起步比较早，成果也比较丰富，但是学术界对于一些基本问题依然没有达成普遍的共识，分歧依然存在。为了打破目前的研究僵局，我们只能从马克思的文本出发，将社会发展与人的发展连接起来，从而更好理解需要在社会发展中的地位。马克思一生都在追寻超越资本主义社会的路径。与人的生成论相对应，马克思同样认为社会发展就是人的发展。马克思发现了其中的规律，这就是唯物史观。在对唯物史观的理解中，阶级斗争与社会基本矛盾在社会发展中的动力作用问题是学界讨论的重点。

4.1 需要：社会发展的内在驱动

目前，学术界关于社会发展与人的发展存在三种观点。第一种观点认为，社会发展作为一种独立于个人之外的发展，个人仅仅是社会决定的存在，那么社会发展本身的动力只能来自于社会自身的发展规律了，即生产力与生产关系之间的相互运动。第二种观点认为，社会发展本身的规律性仅仅是个人自我选择的结果，历史表现为一种历史合力的结果，真正能够进行决策的只能是个人，个人成为历史的主体，社会仅仅是个人决策的结果。第三种观点认为，社会发展的目标是人的全面自由的发展，这种价值追求作为独断论而成为人应该追寻的对象。马克思认为历史的出发点是社会的个人，既不是个人也不是社会，而是社会化个人。马克思在《资本论》中说，个人不应该为社会的关系负责，社会关系更为根本，表现为一种自然历史过程。马克思承认社会规律性存在，然而这个规律性又不是先验的结构性存在，而是在研究的基础上的叙述层面。因此，这个规律就是经验层面的存在。这样马克思在社会历史层面就保留了历史的实证主义。

4.1.1 社会发展是人的发展的展现

社会不是独立于人的存在，社会学本身研究的对象是人的社会性行为，但是这种行为本身依然是人的行为，仅仅是这种行为表现的是人与人的相互作用的结果。首先，社会不是个体性的，因为个体自身不能表现为关系性的存在，即使是个体与外在自然界的相互作用也是在社会性的基础上进行的。第一，人不是完全自然属性的人，自然属性本身依然带有社会性，因为自然属性的发展、自然属性的满足会随着社会发展而发生变化。第二，外在自然界也并非保持着原始形态，而是表现为人类的劳动结果。所以个体人不是作为单独个体存在，而是处处体现着社会性。其次，社会不是独立于个人的存在。社会发展本身具有一定的规律性，但是这种规律性本身展现的是人的发展的规律性，而不是说社会是在人之外的一种客观存在。第一种规律性是人的本质的展现，这种规律是不可能发生变化的，表现为铁的必然性。第二种规律是社会发展过程中的过渡性的规律，是外在环境的变化起到的作用，是会发生变化的。我们的目的是认识本质规律性的原则。

首先，需要对马克思的社会与个人的关系进行简单的辨识，以此为基础，我们才能更好地理解马克思的社会发展理论。一直以来，学术界存在着一种观点，认为社会是实际存在的，并且是作为独立于个人而对个人进行限制性的存在。赫勒就坚决反对以社会利益高于个人利益的解释框架来解读马克思的社会理论。实际上，马克思本人也反对把社会理解为高于个人的一种实际存在。"首先应当避免重新把'社会'当作抽象的东西同个体对立起来。个体是社会存在物。因此，他的生命表现，即使不采取共同的、同他人一起完成的生命表现这种直接形式，也是社会生活的表现和确证。"① 马克思理解的个人本身就是社会化的个人，社会是个人的本质表现，个人与社会之间并不存在天然的分割。在人与自然的关系，以及人与人之间的关系，都充分证明了人的社会性存在。"人们在生产中不仅仅同自然界发生关系。他们如果不以一定方式结合起来共同活动和互相交换其活动，便不能进行生产。"② 所以生产本身就是社会性的，而不存在仅仅是人与自然之间的关系，那种把生产力仅仅理解为人与自然的关系的看法是不正确的。"生产，就这样作为主体间性的、历史的协动的对象性活动，通过这种对象性活动本身，人一方面将自然历史化，另一方面也进行着改变自己的生产和再生产。"③

其次，马克思的社会化个人概念是有着深刻的思想来源。斯密认为生产的单位是个人，因此经济行为本身体现的是个体的私事，与此相对的亚里士多德认为人本身是城邦动物，人的社会性先在于人的个体性。因此家政学本身就是政治学之外的事物。马克思与两者都不同，一方面他认为人的社会性先在于人的个体性，因此生产一定是社会性的生产。生产本身体现的就是人的本真性的存在方式，这样就不同于斯密的生产私人性。另一方面它又不同于亚里士多德的社会性的人不从事生产活动，仅仅从事政治性活动。"它已经不再可能通过过去的社会契约论这个形式所表现的社会现象，即社会这种东西是作为各个个人的有目的、有意识的行为的透明复合来理解。"④ 所以，马克思这里的社会形式的个人是与历史合力理论截然相反的。因此，广松涉敏锐地认识到"社会并非完全脱离各个个人的行为

① 马克思. 1844 年经济学哲学手稿 [M]. 北京：人民出版社，2000：84.
② 马克思，恩格斯. 马克思恩格斯全集：第 6 卷 [M]. 北京：人民出版社，1961：486.
③ 广松涉. 唯物史观的原像 [M]. 南京：南京大学出版社，2009：53.
④ 同③：50.

的独立实体。这是无论任何一个社会实在论者都知道的。不过他们未能探明社会现象与各个个人的行为之间的关系，并对其进行学理的把握。"① 然而不得不说的是马克思这里的社会作为本质性的存在与其市民社会思想存在一定程度的差异。如果马克思的社会概念特指市民社会，那么可以说"马克思师承黑格尔，其出发点总是这样的观点：社会生活是需要和满足这些需要所必须的劳动活动的体系。"② 并非任何集体都是马克思所谓的社会。这种社会是由于需要联系起来的，而这个基础就是个人的需要，重新把历史分析的单位还原为了个人。

"直到今天，马克思主义者还完全无法理解那种自我生成的秩序，或者说，完全无法认识到一种不具有任何决定其方向之规律的优胜劣汰性进化过程是如何能够形成一种自我指导的秩序的。……除此以外，马克思的整个方案还因为他所持有的这样一种幻想而蒙遭了侵损：在自由的个人组成的社会里，亦即在一个由市场所提供的报酬告知人们如何行事的社会里，产品可以根据某些正义原则进行分配。"③ 在这里，哈耶克就很明显地认为马克思的社会观存在重大问题，因为社会需要不能作为"拟人化"来理解。马克思确实在《资本论》第 1 卷中讨论鲁滨逊的时候，把社会需要作为分配的原则，而这个原则的确立需要对各个个人的需要进行一个确定，这是不可能的，因此，从自由个人主义出发的哈耶克是激烈的批评马克思。第一，社会的存在基础不同，马克思的逻辑起点是社会化的个人，个人仅仅是社会关系的人格化；哈耶克认为自由的个人是社会的基础。社会的分配是通过市场这一只看不见的手进行分配的。这里面的秩序是自发地形成的，体现着自由的正义。所以马克思构建的共产主义的生活方式是乌托邦，是一种幻想，是无法实现的价值追求。"这种尝试却致使他们越来越深地陷入了用拟人化的方式去解释社会的困境之中——亦即趋向于把自生自发过程所形成的结果解释成某种'意志'指导的结果或是由人们经

① 广松涉. 唯物史观的原像 [M]. 南京：南京大学出版社，2009：50.

② 库诺. 马克思的历史、社会和国家学说：马克思的社会学的基本要点 [M]. 上海：上海译文出版社，2006：484.

③ 哈耶克. 法律、立法与自由：第 2、3 卷 [M]. 北京：中国大百科全书出版社，2000：475.

由设计而产生的结果的那种困境。"①

　　哈耶克复兴的是康德哲学基础上的古典政治经济学传统，然而，马克思批判的正是这种传统上理解的个人自由的实现问题。在这个思想的假设中个人自由为逻辑前提，然而，现实的生活却是个人自由的丧失。正是基于这个现实，马克思对政治经济学进行了激烈的批判。在马克思这里并非所有的集体都是社会性存在，更不是共同体性存在。"从前各个个人所结成的那种虚假的集体，总是作为某种独立的东西而使自己与各个个人对立起来；由于这种集体是一个阶级反对另一个阶级的联合，因此对于被支配的阶级来说，它不仅是完全虚幻的集体，而且是新的桎梏。"② 马克思一直以来都区分了虚假的集体与真实的集体或真正的集体。经验历史中的集体都是虚假的集体，因为这种集体都是与各个个人相独立的，这种联合状态是一个阶级对另一个阶级的压迫。真正的社会集体是一种与各个个人相一致的，集体是个人的集体，个人自由发展的集体。因此可以说，马克思对人类历史进行了划分为前市民社会、市民社会以及共同体。在真正的共同体实现以前，人们的社会性存在都是虚假的共同体，而这个虚假的共同体是建立在需要与满足需要的方式的外在必然性的基础之上。

4.1.2　需要的丰富性：社会发展的内在动力

　　关于社会发展的动力问题，早在 20 世纪 80 年代学术界就进行了多方面的讨论。这个讨论的背景主要包括两个方面：一是改革开放之初如何评价以阶级斗争为纲的问题。中国要进行改革开放就必须放弃以阶级斗争为纲的斗争哲学，集中精力谋发展、搞建设。二是国际社会上兴起了社会发展的新思潮，经济发展的环境代价、生态问题使得发展理论必须更新以符合时代要求。国际上的这个社会发展思潮是逐渐被国人接受的，尤其是科学发展观是在批判吸收社会发展理论的基础上提出来的。

　　目前学术界关于社会发展的动力问题存在如下四种观点：第一种观

---

①　哈耶克. 法律、立法与自由：第 2、3 卷 [M]. 北京：中国大百科全书出版社，2000：475.
②　马克思，恩格斯. 马克思恩格斯全集：第 3 卷 [M]. 北京：人民出版社，1960：84.

点，认为阶级斗争是历史发展的根本动力。社会发展不是自发的运动，而是历史主体人民的历史，是历史中不同阶级斗争的结果，是社会革命的结果。这种观点可以找到的文本依据是，马克思恩格斯在《共产党宣言》中所说："迄今为止的一切社会的历史都是阶级斗争的历史。"以及恩格斯在《反杜林论》中曾经指出："以往的全部历史，都是阶级斗争的历史；这些互相斗争的社会阶级在任何时候都是生产关系和交换关系的产物，一句话，都是自己时代的经济关系的产物；因而每一时代的社会经济结构形成现实基础，每一个历史时期由法律设施和政治设施以及宗教的、哲学的和其他的观点所构成的全部上层建筑，归根到底都是应由这个基础来说明。"① 这种观点受到的质疑之一就是在和平年代的社会发展并不需要阶级斗争也能达到生产力的突破性革命。阶级斗争并非根本性动力。

第二种观点，认为社会的根本动力是发展生产力，生产活动是社会的基本活动，生产力是社会发展最活跃的因素。以此为基础，这种观点认为唯物史观的规律是生产力与生产关系的相互作用。主要文本的依据是马克思在 1859 年《〈政治经济学批判〉序言》中所提到的"社会的物质生产力发展到一定阶段，便同它们一直在其中活动的现存生产关系……发生矛盾。于是这些关系便由生产力的发展形式变成生产力的桎梏。那时社会革命的时代就到来了……无论哪一种社会形态，在它们所能容纳的全部生产力发挥出来以前，是决不会灭亡的；而新的更高的生产关系，在它存在的物质条件在旧社会的胎胞里成熟以前，是决不会出现的"②。科恩（G. A. Cohen）在他的名著《卡尔·马克思的历史理论》中就提出了"生产力首要性"命题。科恩在其著作中详细论证了"生产力首要性命题"与"发展性命题"。然而这个观点受到的责难是生产力发展的原因或者动力源问题。

第三种观点认为，生产关系对生产力具有优先性。主要文本依据是"人们不能自由选择自己的生产力——这是他们的全部历史的基础，因为任何生产力都是一种既得的力量，是以往的活动的产物。可见，生产力是

---

① 马克思，恩格斯. 马克思恩格斯全集：第 20 卷 [M]. 北京：人民出版社，1971：29.

② 马克思，恩格斯. 马克思恩格斯全集：第 13 卷 [M]. 北京：人民出版社，1972：8-9.

人们应用能力的结果，但是这种能力本身决定于人们所处的条件，决定于先前已经获得的生产力，决定于在他们以前已经存在、不是由他们创立而是由前一代人创立的社会形式"①。以及对同一个文本，不同的学者也有不同的解读视角。阿尔都塞提出了"在构成了某种生产方式的生产力和生产关系的特定统一体中，是生产关系在现有生产力的基础上并在其规定的客观限度内起决定作用"②。

阿尔都塞根据马克思的《〈政治经济学批判〉序言》，只是对不同部分进行了强调。他强调了生产力受制于其内在的生产关系，生产力并非超越生产关系的一种抽象范畴。即便如此，马克思同样指出过"经济学家蒲鲁东先生非常明白，人们是在一定的生产关系范围内制造呢绒、麻布和丝织品的。但是他不明白，这些一定的社会关系同麻布、亚麻等一样，也是人们生产出来的。社会关系和生产力密切相联。随着新生产力的获得，人们改变自己的生产方式，随着生产方式即保证自己生活的方式的改变，人们也就会改变自己的一切社会关系"③。社会关系的改变是由生产力决定的，生产力的改变影响着社会关系的改变。这里很难说生产力与生产力所存在的社会关系之间的决定关系。

第四种观点，米克尔·莱博维奇（Michael Lebowitz）认为资本主义生产关系不会自动退出历史舞台，只能是人们发现了资本主义生产关系不能满足不断提高的社会需要，正是这个缺陷促使人们主动地改变生产关系。"确定的人类个体既发展了生产力，又改变了生产关系，他们这么做是为了满足自身的社会需要。依据这种马克思历史理论的替代理论（需要的首要性），当现行的社会结构无法满足在这个社会中形成的人类需要的时候，就会发生社会变革；当生产关系阻碍生产力的发展时，就会发生符合确定人类个体特殊需求的社会变革。"④

---

① 马克思，恩格斯. 马克思恩格斯选集：第4卷 [M]. 北京：人民出版社，2012：408-409.
② 阿尔都塞. 论再生产 [M]. 吴子枫，译. 西安：西北大学出版社，2019：397-398.
③ 马克思，恩格斯. 马克思恩格斯全集：第4卷 [M]. 北京：人民出版社，1965：143-144.
④ 莱博维奇. 超越《资本论》：马克思的工人阶级政治经济学 [M]. 2版. 北京：经济科学出版社，2007：223.

莱博维奇的洞见无疑是深刻的，但是缺乏了对需要本身的分析，毕竟在马克思这里，需要具有不同的意蕴。需要具有三层含义：第一，需要本身就是人把自己本质对象化到自然界形成，作为本质与现象之间的桥梁。第二，需要就是目的本身，具有规范意义，各尽所能，按需分配。需要本身就是一种本真意义上的存在，所以社会产品应该按需分配。这也就是价值意义上的需要概念。第三，需要作为一种人的生活方式的被动性的接受过程，人需要某种东西满足自己作为人的存在。需要不仅作为一种形式存在，而且是含有具体的内容。在历史发展中起到动力作用的只能是人的本质对象化的需要。马克思曾经深刻地指出过"在社会主义的前提下，人的需要的丰富性，从而某种新的生产方式和某种新的生产对象，具有什么意义。人的本质力量的新的证明和人的本质的新的充实"①。

社会发展本身体现的是人的发展，是需要内在的丰富性使得人能够不断发展，在现实社会中，对社会需要的不断满足推动着社会的发展。"需要是同满足需要的手段一同发展的，并且是依靠这些手段发展的。"② 需要的发展问题是首要问题，因为整个生产都是为了满足人的需要的话，那么当人的需要得到满足的时候，新的需要是否能够产生，按照什么方式产生都是一个问题。因为人类的繁衍是一个不断生成的过程，所以最基本的生活需要是需要不断得到满足的，但是即使基本的生活需要满足过程也是随着满足需要的手段的不断发展而不断改变的，那么人的需要的生成的问题就不是一个发生学的问题，并非新的需要产生于旧的需要结束时，这样继起式的。新需要的产生是随着满足需要的手段一同发展的，呈现出来的是一种螺旋式的上升过程。其不仅使得生产力得到了累积保存，也使得人类文明不断发展。

---

① 马克思，恩格斯. 马克思恩格斯全集：第 3 卷 [M]. 北京：人民出版社，2010：339.
② 马克思，恩格斯. 马克思恩格斯全集：第 30 卷 [M]. 北京：人民出版社，2001：585-586.

4.2　需要在社会发展规律中的地位

社会发展是人本身的发展，是现实的个人的本质展现过程。这个过程的形成是人类发展的历史。马克思并非把社会发展理解为某种狂想，那种浪漫主义式的幻想。相反，马克思发现了社会发展过程中内在的规律性。这个规律性是内在于社会发展过程中的，是不以人的意识为转移的。"人们的社会历史始终只是他们的个体发展的历史，而不管他们是否意识到这一点。他们的物质关系形成他们一切关系的基础。这种物质关系不过是他们的物质的和个体的活动所借以实现的必然形式罢了。"① 正是基于这个规律性马克思恩格斯才会把自己的社会主义命名为科学社会主义。这里面包含着两种解读：一种是马克思的社会发展的规律性形成了历史决定论，另一种是与这个观点相对立的历史目的论。马克思在社会历史发展中的规律性包含着规律性的两个维度②。这两个维度分别为横向的社会结构性的动力作用机制以及纵向的社会发展作用机制。

4.2.1　社会发展的横向规律性

马克思在《〈政治经济学批判〉序言》中对历史唯物主义进行了著名的概括，而这种概括的社会发展是同一个社会形态内部的发展变化，这是不同社会形态发展变化之间的关系，这有着巨大的不同。同一个社会形态内部的变化问题与不同社会形态形成序列的变化有着本质的不同。传统上理解的五形态说就是建立在不同社会形态发展变化的基础之上的，因为社会发展体现了规律性，而这种规律性的建立与自然因果性有着本质的类似，或者说社会发展本身的规律性就是来源于自然辩证法。这种理解部分

---

① 马克思，恩格斯. 马克思恩格斯选集：第4卷 [M]. 北京：人民出版社，1995：532.

② 安启念对唯物史观进行了持续性的研究，一直在寻找唯物史观内部的作用机制问题，而其提出了马克思唯物史观的两个维度思想颇具有启发性。见安启念. 马克思唯物史观思想的两个维度：从《1857—1858年经济学手稿》谈起 [J]. 中国人民大学学报，2011（2）：34-39.

来源于对社会主义战胜资本主义的迫切需要。黑格尔和康德的区别可以概括为历史，而黑格尔与马克思在历史上的不同，则可以理解为"对黑格尔而言，人类拥有历史是因为意识需要时间和行动来明确自身，对马克思而言，是因为人需要时间和行动来超越自然"①。黑格尔设定的历史是意识自身的发展史，而马克思的历史则是人不断的扬弃自己自然属性达到人的真正存在的超越过程，这才是马克思为什么区分出来史前史与人的历史。马克思认为扬弃了资本主义的社会，才是人真正地开启了属人性的社会历史。"动物只在直接的肉体需要的支配下生产，而人甚至不受肉体需要的影响也进行生产，并且只有不受这种需要的影响才进行真正的生产。"②

马克思认为的这种人不断超越自己的自然属性的过程来源于人的创造性。"就康德而言，创造性是对知觉世界的认识论创造；对黑格尔来说，这是精神在社会历史中的自我展开；而在马克思看来，这是政治经济学的制度和社会关系的创造。"③ 这种创造性本身不是一种先验性，而是在人的现实中创造出来的，马克思的论证逻辑是从现实的人出发达到人的本真性存在。"我们的出发点是从事实际活动的人，而且从他们的现实生活过程中还可以描绘出这一生活过程在意识形态上的反射和反响的发展。甚至人们头脑中的模糊幻象也是他们的可以通过经验来确认的、与物质前提相联系的物质生活过程的必然升华物。"④ 社会发展是人的发展，社会发展本身是可以用经验科学解释的，不得不说的是马克思理解的经验科学并非传统意义上的经验主义。"只要描绘出这个能动的生活过程，历史就不再像那些本身还是抽象的经验主义者所认为的那样，是一些僵死的事实的汇集，也不再像唯心主义者所认为的那样，是想象的主体的想象活动。"⑤ 所以，马克思并非反对经验论，而是反对抽象论经验主义，即把历史看成僵死的

---

① 柯亨.卡尔·马克思的历史理论：一种辩护［M］.段忠桥，译.北京：东方出版社，2008：12.
② 马克思，恩格斯.马克思恩格斯全集：第3卷［M］.北京：人民出版社，2010：273.
③ 麦卡锡.马克思与古人：古典伦理学、社会正义和19世纪政治经济学［M］.王文扬，译.上海：华东师范大学出版社，2011：216.
④ 马克思，恩格斯.马克思恩格斯文集：第1卷［M］.北京：人民出版社，2010：525.
⑤ 同④：525-526.

事实的汇集的那种观点的经验论。因为他们把历史事实仅仅看成了历史事实，并没有看成是人的事实，没有看到主体活动，所以历史事实都是没有因果性的、没有生命力的、僵化的，这里面的人也是抽象性的存在，是固化的人，而不是有生命力的现实的个人。

社会发展是为了满足需要，需要实现过程表现为历史进程，任何社会结构以及政治经济制度都是建立在满足需要的基础之上的。首先，马克思确立了社会历史发展的前提"因此我们首先应当确定一切人类生存的第一个前提，也就是一切历史的第一个前提，这个前提是：人们为了能够'创造历史'，必须能够生活。但是为了生活，首先就需要吃喝住穿以及其他一些东西。因此第一个历史活动就是生产满足这些需要的资料，即生产物质生活本身，而且，这是人们从几千年前直到今天但是为了维持生活就必须每日每时从事的历史活动，是一切历史的基本条件"①。马克思哲学具有革命意义的地方在于马克思直接讨论现实的个人的自由实现问题。这样马克思的逻辑前提就是现实的个人的存在。如果按照基质主义者的理解，任何体系的开始都要以一个不能得到怀疑的前提开始，诸如笛卡尔的"我思故我在"、费希特的"我等于我"，那么马克思的前提就是现实的个人必须存在。这个前提是必须的，因为任何历史都只能是人的历史，任何社会发展都不能是外在于人的发展，所以现实的个人必须存在才能使得整个历史能够开启。

需要的满足本身并非独立个体性的，"人们自己创造自己的历史，但是他们并不是随心所欲地创造，并不是在他们自己选定的条件下创造，而是在直接碰到的、既定的、从过去继承下来的条件下创造"②。马克思在《资本论》第 1 卷中也说过："不过这里涉及的人，只是经济范畴的人格化。"③ 这里似乎都说明了人的社会规定性。仔细分析可以发现，这里面包含着两个问题：第一，满足需要的条件是如何创造出来的，原始的社会条

① 马克思，恩格斯. 马克思恩格斯文集：第 1 卷 ［M］. 北京：人民出版社，2010：531.
② 马克思，恩格斯. 马克思恩格斯选集：第 1 卷 ［M］. 北京：人民出版社，1995：585.
③ 马克思，恩格斯. 马克思恩格斯全集：第 23 卷 ［M］. 北京：人民出版社，1972：12.

件是如何创造问题的。第二，马克思在资本论中，是不是回到了康德意义上的主体观，因为这里面的人仅仅表现为范畴的人格化，仅仅是逻辑意义上的人。虽然具有这两个问题，但是需要本身的社会规定性却是明确的。在满足需要的过程中，社会形成了不同层次的结构性存在。"得到满足的第一个需要本身、满足需要的活动和已经获得的为满足需要而用的工具又引起新的需要，而这种新的需要的产生是第一个历史活动。"① 正如马克思所说，人们在生产满足自己需要的过程中，还在生产着自己的生活本身，因为自己的生活本身就是这个生活活动。人不是因为自己认为想象自己是什么，或者自己演说自己是什么，而是因为自己做了什么证明了自己是什么。在满足需要的过程中，并没有因为需要的满足而出现整个社会历史的停止，而是整个社会历史的不断更新。

其次，在生产自己生活的过程中，人的社会交往在其中发展起来，伴随着人的交往发展起来的，还有人的语言与人的意识。"语言也和意识一样，只是由于需要，由于和他人交往的迫切需要才产生的。"② 而人的超越性是建立在这个交往发展的基础之上的。"由于生产效率的提高，需要的增长以及作为二者基础的人口的增多，这种绵羊意识或部落意识获得了进一步的发展和提高。"③ 需要作为内在的动力，是作为社会性被规定的。与此同时，作为内在规定的是生产力与生产关系，生产力作为人本身的内在力量是社会发展的结果，生产关系是作为在生产力水平上的社会环境。人不是一个孤立的存在，而是被抛在了一定的社会结构中。社会结构并非固定不变的，而是处于不断变化当中。这是由于历史本身就是人的历史，社会发展是人的发展。社会结构性存在的生产力与生产关系也是人的生产能力与人的关系。需要的满足使得主体本身就发生了变化，而这个变化的主体产生了新的需要，新的需要本身就是社会性的需要。在这样的基础上，社会结构性的存在本身表现为结构，但是这个结构却是不断变化的结构。

---

① 马克思，恩格斯. 马克思恩格斯文集：第 1 卷 [M]. 北京：人民出版社，2010：531–532.
② 同①：533.
③ 同①：534.

最后，在历史发展特定时刻表现为人的发展的瞬间，不间断的历史瞬间构成了历史的发展过程。在社会发展的瞬间，社会结构性存在是作为总体性存在。在这个总体性存在中，作用是相互的。所以这里面就很难说是哪个因素起着决定性的作用。总体性的社会结构作为社会发展的内在结构，恩格斯认为生产力在归根结底的意义上起着决定性作用，除此之外再没有比这个更多的结论。如何理解恩格斯的归根结底的意义就成为很关键的问题。应该说恩格斯肯定的生产力的作用是在社会发展的历史性这个层面来论述的。也就是说，在整个社会结构性变迁中，生产起着关键的作用，而生产是作为人的本真意义上的需要。这里面的相互作用都预示着马克思暗含着一个自动发展的因子。

4.2.2 社会发展的纵向规律性

社会发展的横向规律性指的是同一个社会形态下社会发展的规律性。社会发展的纵向规律性则是指不同社会形态下的转型或变迁的规律性。理解社会发展的变化本身应该从辩证法的角度，而这里的辩证法是人的发展本身的辩证法，社会内部的发展体现一定的规律性，而不同社会形态之间的发展则表现为辩证法，这个辩证法的运用说明了人的生成，立足于社会化个人的基础上，真正的人的理想生活是如何能够实现的？内在的历史发展是人本身的发展，而人本身的发展就说明了人一定能够实现真正的社会的联合，人的本质性的真正复归。"发展的原则包含一个更广阔的原则，就是有一个内在的决定、一个在本身存在的、自己实现自己的假定作为一切发展的基础。这一个形式上的决定，根本上就是'精神'，它有世界历史做它的舞台、它的财产和它的实现它的场合。"① 这是黑格尔的发展理论，马克思也包含着这样的思想。马克思设定的是人要自我实现。马克思认为人的自我意识本身是人区别于动物的本质属性，但是自我意识的客观真理性是需要实践来检验的。正是在这个意义上，人要实现自己的自我意识并以此来检验自我意识的客观真理性。

---

① 黑格尔. 历史哲学 [M]. 王造时，译. 上海：上海书店出版社，2006：95.

现实性概念来源于黑格尔的现实的观念，这个概念非常重要，却很少受到学界的重视，马克思继承了黑格尔对现实性的强调，这样就能够理解马克思对人的本质在其现实性上是社会关系的总和，以及以现实的个人为逻辑起点的历史唯物主义。现实的个人本身具有力量，这样就回答了生产力的来源问题。生产来源于满足需要，但是生产的力量确实来源于存在本身，一方面作为自然界的存在，另一方面作为存在自身。"理论在一个国家实现的程度，总是决定于理论满足这个国家的需要的程度。"① 马克思在讨论现实性的时候，把需要作为本质与现象之间的理论桥梁，本质通过需要对象化到现象中，得到确证与实现。需要又分为理论需要与实践需要，这样马克思就把本体论与认识论衔接起来，理论需要负责把握本质与现象的对象化过程，实践需要负责整个过程的实现检验。

首先，需要的改变作为人与自然之间的中介。"他没有看到，他周围的感性世界绝不是某种开天辟地以来就直接存在的、始终如一的东西，而是工业和社会状况的产物，是历史的产物，是世世代代活动的结果，其中每一代都立足于前一代所奠定的基础上，继续发展前一代的工业和交往，并随着需要的改变而改变他们的社会制度。"② 这里马克思恩格斯批判了费尔巴哈的感性直观，强调了感性世界的历史性，马克思肯定不会否定感性世界的自然属性，但是自然的属人性，为我而存在的，则具有历史性。桌子之所以成为桌子，是因为对于主体的存在具有功能性。桌子能为主体的对象，在主体与对象的关系中理解桌子，桌子的存在是世界历史性的，桌子的生成与灭亡都体现着主体人的作用。桌子无不体现着主体人的力量与本质。

其次，不同社会形态之间的变化的本质是需要的改变。第一，"彻底的革命只能是彻底（radical）需要的革命。"③ 社会结构的形成是建立在满足需要的基础之上的。即使相同的需要在不同的社会也会表现为不同的满

---

① 马克思，恩格斯. 马克思恩格斯选集：第1卷［M］. 北京：人民出版社，1995：11.
② 马克思，恩格斯. 马克思恩格斯文集：第1卷［M］. 北京：人民出版社，2010：528.
③ 马克思，恩格斯. 马克思恩格斯全集：第3卷［M］. 北京：人民出版社，2010：209.

足形式。这种满足需要的形式变化体现的是社会不同阶层之间力量的斗争。"受这种生产力所制约的、不能满足这个社会的生产，使得人们的发展只能具有这样的形式：一些人靠另一些人来满足自己的需要，因而一些人（少数）得到了发展的垄断权；而另一些人（多数）经常地为满足最迫切的需要而进行斗争，因而暂时（即在新的革命的生产力产生以前）失去了任何发展的可能性。"① 马克思也曾经指出过奢侈需要在不同的社会形态下会成为必要需要。第二，自我意识中的需要变成为实践中的需要既需要理论需要向实践需要转变，也需要实践需要向理论需要趋向。"理论需要是否会直接成为实践需要呢？光是思想力求成为现实是不够的，现实本身应当力求趋向思想。"② 马克思曾经指出了理论的实现过程中既需要理论的深刻，也需要掌握理论的现实个体。理论需要向实践需要的转变，并不是理论需要的自发性活动，而是实践需要向理论需要不断趋近的过程。第三，革命的结果也是由需要决定的。需要为革命指明了方向，社会革命并非漫无目的的，而是具有一定方向性的，而这个方向性则是由需要决定的。"每一种革命和革命的结果都是由这些关系决定的，是由需要决定的。"③

最后，在不同社会形态变化中的主体属性。学术界对马克思的历史运动理论能动的主体存在一定程度的不同意见。第一种观点认为，历史的承担者只能是个人，历史表现为合力。在恩格斯这里就有这样的思想"人们通过每一个人追求他自己的、自觉期望的目的而创造自己的历史，却不管这种历史的结局如何，而这许多按不同方向活动的愿望及其对外部世界的各种各样影响所产生的结果，就是历史"④。这样的历史观念使得分析历史的单位聚焦于个人，所以会进一步带来社会的价值问题。"人的目的是相互冲撞的，人不可能拥有一切事物……于是，选择的需要，为着一些终极

---

① 马克思，恩格斯. 马克思恩格斯全集：第 3 卷 [M]. 北京：人民出版社，1960：507.
② 马克思，恩格斯. 马克思恩格斯全集：第 3 卷 [M]. 北京：人民出版社，2010：209.
③ 同①：439.
④ 马克思，恩格斯. 马克思恩格斯全集：第 21 卷 [M]. 北京：人民出版社，1965：342.

价值而牺牲另一些终极价值的需要，就成为人类困境的永久特征。"① 这里的问题还是建立在方法论个人主义的基础上的，价值多元主义，个人作为目的本身的，不可让渡性，所以就造成了目的之间的相互冲突矛盾。其实，在恩格斯那里社会历史的分析单位能否界定为个人还是需要仔细推敲的，因为恩格斯在探讨个人动机的问题依赖社会的结构。

"如果要去探究那些隐藏在——自觉地或不自觉地，而且往往是不自觉地——历史人物的动机背后并且构成历史的真正的最后动力的动力，那么应当注意的，与其说是个别人物、即使是非常杰出的人物的动机，不如说是使广大群众、使整个的民族以及在每一民族中间又使整个阶级行动起来的动机；而且……是持久的、引起历史变迁的行动。……探讨那些作为头脑中的自觉的动机，——这是可以引导我们去探索那些在整个历史中以及个别时期和个别国家的历史中起支配作用的规律的唯一途径。"②

第二种观点认为"这一运动的整体虽然表现为社会过程，这一运动的各个因素虽然产生于个人的自觉意志和特殊目的，然而过程的总体表现为一种自发的客观联系；这种联系尽管来自自觉个人的相互作用，但既不存在于他们的意识之中，作为总体也不受他们支配。他们本身的相互冲突为他们创造了一种凌驾于他们之上的他人的社会权力"③。

这两种观点可以说是针锋相对，方法论个人主义的理解强调了主体只能是作为个人才能进行理性选择。这里面暗含着的假设前提即为只有个人才有自我意识，只有个人才能做出选择，在个人选择的基础上，社会仅仅是表现为不同个人的选择的结果。然而，个人主义解读模式遇到的最大问题就是，第一，马克思把社会分析的单位界定为社会层面，这是一个不同于个体层面的存在。第二，马克思理解的价值是一元的，价值具有可通约性，个体的特殊性使其成为个体，但是个体之间的共同性使得个体之间能够进行交往。因此，这里面的矛盾就是分析单位到底是社会还是个人。

① 伯林. 自由论 [M]. 南京：译林出版社，2003：49.
② 马克思，恩格斯. 马克思恩格斯全集：第21卷 [M]. 北京：人民出版社，1965：343.
③ 马克思，恩格斯. 马克思恩格斯全集：第46卷（上）[M]. 北京：人民出版社，1979：145.

一方面，马克思所理解的社会仅仅只是市民社会还是泛指的任何一种社会形态。马克思已经分析过个人作为孤立的存在是资本主义社会的特有存在。对人的这种理解本身就是社会发展的结果。因此，马克思认为："在任何情况下，个人总是'从自己出发的'，但由于从他们彼此不需要发生任何联系这个意义上来说他们不是唯一的，由于他们的需要即他们的本性，以及他们求得满足的方式，把他们联系起来（两性关系、交换、分工），所以他们必然要发生相互关系。但由于他们相互间不是作为纯粹的我，而是作为处在生产力和需要的一定发展阶段上的个人而发生交往的，同时由于这种交往又决定着生产和需要，所以正是个人相互间的这种私人的个人的关系、他们作为个人的相互关系，创立了——并且每天都在重新创立着——现存的关系。"① 这里很明显地说明了，第一，个人认为自己是出发点，但是这种意识本身的产生就已经是社会生产的结果。第二，个人之间的关系也不是作为个人关系而存在，而是作为一定生产力水平的社会性存在的。

另一方面，这种社会性个人的存在本身是一种物质性存在，这个变化的过程是需要决定的。"由此可见，人们之间一开始就有一种物质的联系。这种联系是由需要和生产方式决定的，它和人本身有同样长久的历史；这种联系不断采取新的形式，因而就表现为'历史'，它不需要用任何政治的或宗教的呓语特意把人们维系在一起。"② 因此，很难说马克思会认可社会发展的出发点是个体性的人，因为这种人本身就是由一定的社会发展水平决定的。而这样的话，问题就会变成了社会发展会不会把个人的个性给淹没掉。这种担心是没有必要的，个人的个性只有在社会中才有意义。因此，广松涉认为："人们在今天的发展阶段上只能在社会内部满足自己的需要，人们一开始，从他们存在的时候起，就是彼此需要的，只是由于这一点，他们才能发展自己的需要和能力等。"③ 这里面包含着的假设只有在社

---

① 马克思，恩格斯. 马克思恩格斯全集：第 3 卷 [M]. 北京：人民出版社，1960：515.

② 马克思，恩格斯. 马克思恩格斯文集：第 1 卷 [M]. 北京：人民出版社，2010：533.

③ 广松涉. 文献学语境中的《德意志意识形态》[M]. 南京：南京大学出版社，2005：162.

会中个人自由全面发展才是可能的，而这种发展本身不以个人意志为转移。"作为确定的人，现实的人，你就有规定，就有使命，就有任务，至于你是否意识到这一点，那都是无所谓的。这个任务是由于你的需要及其与现存世界的联系而产生的。"①

4.3 社会发展的目的性

社会发展的规律与社会发展的目的似乎是相互矛盾的范畴。规律本身体现的是一种自然历史过程，是不受外在因素影响的必然性；与此相对，目的本身是一种内在的假设，社会发展的过程都会受到内在目的的影响。社会发展是为了目的的实现。不得不说的是，马克思理解的社会发展是人的发展，在这个大前提下，社会发展本身的规律性是社会实现目的的过程中体现出来的规律性。因此，可以说社会发展的目的性与社会发展的规律本身并不矛盾、社会发展的目的无疑是自由人的生成，这是历史发展的必然。马克思在《哥达纲领批判》中指出了共产主义社会高级阶段才能实现的社会状态"各尽所能，按需分配。"恩格斯"用简短的字句表述未来的社会主义纪元的基本思想"时，他引用了《共产党宣言》中的"代替那存在着阶级和阶级对立的资产阶级旧社会的，将是这样一个联合体，在那里，每个人人的自由发展是一切人自由发展的条件。"因此，在马克思看来社会发展的目的就是人按照人的本真状态生产生活，真正过人的生活。

4.3.1 各尽所能：人的能力解放

在马克思这里始终强调的就是人具有能力追求属于人的生活。人本身具有生产能力，这是一种自然力。在这个自然力的基础上，力量会不断的累积，形成社会生产力。"只有当人认识到自身'固有的力量'是社会力量，并把这种力量组织起来因而不再把社会力量以政治力量的形式同自身

---

① 马克思，恩格斯. 马克思恩格斯全集：第3卷［M］. 北京：人民出版社，1960：329.

分离的时候，只有到了那个时候，人的解放才能完成。"① 这说明了生产力是人本身所具有的，生产本身也是社会性的活动，只有在社会意义上进行的劳动才是社会生产，而且生产本身的力量是人所固有的力量。在资本主义社会下，人本身所具有的力量并不能得到完全发挥。人本身的力量是受到制约的，只能是受到外在于人的力量的制约。主要表现在生产本身是人的本质规定性，在资本主义社会生产本身却成为了外在的压迫性要求。

首先，人的生产能力作为总体性的生产能力。"如果说，生产在外部提供消费的对象是显而易见的，那么，同样显而易见的是，消费在观念上提出生产的对象，把它作为内心的图像、作为需要、作为动力和目的提出来。"② 需要还是生产的动力，因为生产也是意识到的生产，人的活动都是意识到的活动，意识中的活动，所以需要作为动力，推动着主体人进行生产。"没有消费，也就没有生产，因为如果没有消费，生产就没有目的。……消费创造出生产的动力；它也创造出在生产中作为决定目的的东西而发生作用的对象。"③ 生产和消费的辩证关系也就是生产和需要的辩证关系，因为消费就是满足了的人的需要。没有无目的的生产，生产本身就是满足人的需要。"生产生产出消费，是由于生产创造出消费的一定方式，其次是由于生产把消费的动力，消费能力本身当作需要创造出来。"④ 这里面就把需要作为生产的动力给驳斥了。"需要也如同产品和各种劳动技能一样，是生产出来的。"⑤ 回应了需要的产生或者起源问题，需要不仅仅是肉体的需要，我认为马克思的需要并不是生物学意义上的需要概念，马克思的需要是一个价值哲学概念的话，需要就不应该是生物学意义上的需要。"艺术对象创造出懂得艺术和具有审美能力的大众，——任何其他产品也都是这样。"因为生产本身具有社会属性，任何生产都是社会生产，自己满足

---

① 马克思，恩格斯. 马克思恩格斯全集：第 3 卷 [M]. 北京：人民出版社，2010：189.
② 马克思，恩格斯. 马克思恩格斯选集：第 2 卷 [M]. 北京：人民出版社，1995：9.
③ 马克思，恩格斯. 马克思恩格斯全集：第 46 卷（上）[M]. 北京：人民出版社，1979：28-29.
④ 马克思，恩格斯. 马克思恩格斯全集：第 30 卷 [M]. 北京：人民出版社，1995：34-35.
⑤ 马克思，恩格斯. 马克思恩格斯全集：第 46 卷（下）[M]. 北京：人民出版社，1980：19.

自己的需要无法构成生产，从马克思的商品概念也可以看出这层关系。任何商品都必须满足人的需要，但是商品成为商品还必须是能够进行交换，如果生产出来的产品仅仅满足生产者的需要，而不是进行交换，那么该产品并不成为商品。被遮蔽的需要，意识的虚假性，因为需要是意识到的需要，也就是说需要本身是需要被意识到的，而这种意识是虚假的意识，这种意识并非具有属人性。那么问题接着便成为虚假意识的来源问题了。意识本身具有独立性，人成为意识的具体化存在，是因为意识区分为了统治阶级的意识，和被统治阶级的意识，而统治阶级的意识具有霸权。

其次，马克思反对基于实际需要基础上的社会生产，认为这种生产并不是人的真正能力体现，而是一种对人的生产能力的压迫与异化。如果社会发展是基于实际需要，那么这个社会发展并非人本身的发展，相反是人的异化状态。这个问题在需要的异化章节已经讨论过了。这里面值得强调的就是实际需要的主体属性是基于个体，也就是说逻辑分析的单位是从原子化的个人出发。在这个个人的基础上构建社会契约，从而又还原到了社会契约论的逻辑。"他们仍然是以实际的需要为基础的，是以一定国家内的一定阶级的生活条件的总和为基础的。"① 这个以个人为出发点的逻辑，看似是为了个人的自由，实际上却是对个人自由的最大束缚与压迫。因为这里的个人都在以对方为满足自己私人实际需要的手段，与此同时自己也是他人的满足同样私人实际需要的手段。"可见，黑格尔是用个人的经验需要来说明法的存在。"② 古典政治经济学都是在这个逻辑的基础上来讨论人的自由实现问题。黑格尔的法哲学的神秘性除了把现实的人假定为意识实现自身的特定存在，在这个意义上法成为自由实现的保障。马克思揭露了黑格尔哲学的神秘性，同时揭露了古典政治经济学的虚假本质。

最后，社会主义社会的必然实现是内在于人的能力发展历史进程。马克思讨论必然问题借鉴了黑格尔的思想。黑格尔提出了关于发展的著名论断："凡是现实的都是合理的，凡是合理的都是现实的。"首先是因为黑格

---

① 马克思，恩格斯. 马克思恩格斯全集：第 3 卷 [M]. 北京：人民出版社，1960：535.
② 同①：364.

尔把发展作为事物内在关系的展开。虽然偶然性的事物也会作为表象存在，但是偶然性的事物因为缺乏内在的原则而杂乱无章，没有规律性。内在必然性的展开会随着历史的发展而不断的变化，而这种变化是有规律的。马克思借鉴了黑格尔的辩证法思想，在讨论人的能力实现的时候，也同样依赖于人的能力的内在发展，从而论证社会主义社会的到来。"黑格尔将发展看成是一种运动原则的必然展开；马克思和黑格尔的区别是：后者把这种原则看成是观念运动的某种独特法性，而前者则是把这种原则看成是对社会生活发展的制约性。"① 在这里就不得不说黑格尔与马克思在根本问题上的差异。黑格尔在讨论法哲学时思考的是意识逻辑在现实世界中如何展开的问题，即自我意识如何在现实中回到自身的应然性问题。马克思则发现了人在现实社会中的真正不自由，而深刻地思考现实的个人如何获得真正的自由。马克思抛弃了现实的人作为自我意识的特定存在这一唯心主义的范式，而真正地把现实的个人作为历史的出发点。不得不说的是，这里理解的必然性并非机械论的必然性作为人之外的必然性，因为历史必然性只有通过人的实践活动才能真正实现。社会主义作为外在于我们的规律会自然实现只能是一种假想。社会主义不是一种宿命论式外在规律性，而是人类社会实践中的必然性结果，是内在于人的能力发展的历史进程。

4.3.2 按需分配：分配正义

罗尔斯的《正义论》无疑是 20 世纪最为重要的政治哲学著作。艾伦·伍德提出了马克思的正义概念是一个法权意识形态概念、非规范性的描述性概念，因此资本主义社会的平等交换并不是非正义的。与伍德观点相左的齐雅德·胡萨米认为基于社会结构内部的伦理道德思想并不能得出资本主义的正义性，因为基于无产阶级的先进生产力代表的价值可以说明资本主义的非正义性。还有学者认为自由是马克思批判资本主义非正义性的基础②。

---

① 库诺.马克思的历史、社会和国家学说 [M].袁志英，译.上海：上海译文出版社，2006：681.

② 如果想详细地了解各方的观点可以参考：李惠斌，李义天.马克思与正义理论 [M].北京：中国人民大学出版社，2010.其作者在编后记中对关于马克思与正义的各方面观点进行比较分析。

这里不需要详细讨论各方的观点，但是我们能够发现这里的共性问题就是没有从生成论的视角来理解马克思的社会发展理论。如果马克思的唯物史观仅仅理解为历史科学似的机械决定论，那么对正义的解读就会出现各执一端的局面。然而不得不说的是，马克思理解的社会发展是辩证的发展，是人的主体内在的发展。马克思首先关注的是生产领域的自由发展，人的能力的全面发展与自由发挥。因此，可以把马克思的分配正义理解为按需分配。

首先，马克思的价值判断是内在生成实现的价值。正义同样也是基于人的生成过程中的生成，因此马克思总是在辩证地思考资本主义社会。资本主义社会不是一个永恒的社会形态，而是人的发展过程中特定存在。对于社会主义正义问题历来受到自由主义者批判，"'社会正义'这个说法根本就是空洞无义的，这一点可以见之于下述事实：第一，人们对社会正义在特定情势中所要求的东西根本无法达成任何共识；第二，如果人们在这些问题上发生了分歧，那么可供人们据以判断谁是正确的已知标准也是根本不存在的；第三，在一个由自由人组成的社会中——亦即个人有权运用自己的知识去追求自己的目的的社会中——亦即个人有权运用自己的知识去追求自己的目的的社会中，人们绝不可能在事先就有效地制定出一种分配方案。实际上，个人对其行为所承担的道德责任乃是与实现任何这种刻意分配模式不相符合的"①。我们发现了马克思对自由个人主义的批判，正是哈耶克所辩护的观点。哈耶克认为我们的知识是有限的，有时我们甚至是无知的，那么只能依赖的是个人有限的知识进行自发生成，从而实现社会秩序的稳定。马克思则认为这种自发的社会秩序是一种异化，是对人的自由的压抑。

哈耶克批判马克思的社会正义主要依据是对马克思社会拟人化的理解。"我们惟有通过理解那些直接指向其他人并受其预期行为所指导的个人行动，方能达致对社会现象的理解。这一论辩的首要目的就在于反对那

---

① 哈耶克. 哈耶克论文集 [M]. 邓正来，选编译. 北京：首都经济贸易大学出版社，2001：179.

些不折不扣的集体主义的社会理论，因为那些社会理论谎称它们有能力直接把类似于社会这样的社会整体理解成自成一类的实体；这就是说，这类实体乃是独立于构成它们的个人而存在的。"① 哈耶克对马克思的批评说明了其对马克思的误解。马克思思考社会发展问题借用了黑格尔的辩证法思想。因此事物的合理性本身就是在辩证法内部的，与黑格尔不同的地方是辩证法本身是人的自身发展内在辩证法。正义作为一种价值是人的发展生成物，既不是外在于人的抽象存在，也不是作为结构性的固化性存在，而是在人的发展中的辩证性存在。这是关于马克思正义话题讨论中缺失的重要维度，而在内在生成论的视域下讨论马克思的正义问题将有助于全面把握马克思的正义理论。在不同的社会发展可以根据不同的社会发展需要的满足情况来判断社会正义的实现情况。

其次，马克思强调的需要是社会特定阶段上的内在需要。"如果说个别商品的使用价值取决于该商品是否满足一种需要，那么，社会产品总量的使用价值就取决于这个总量是否适合于社会对每种特殊产品的特定数量的需要，从而劳动是否根据这种特定数量的社会需要按比例地分配在不同的生产领域。……在这里，社会需要，即社会规模的使用价值，对于社会总劳动时间分别用在各个特殊生产领域的份额来说，是有决定意义的。"② 按需分配的并非个人的需要，因为个人需要的特殊性形成的仅仅是使用价值。按需分配不能是个人的需要，因为马克思讨论的是社会分配问题，讨论社会需要的分配问题。马克思分析的单位就不是个人，而是社会作为整体的需要情况。"这根本不取决于你想或不想，因为你是具有意识的，你的需要只有通过你的活动来满足，而你在活动中也必须运用你的意识。"③ 马克思对人的意识和人的存在并没有进行区分，也就是说人的存在本身就是有意识的存在。意识和存在并非隔离开来的，思维的任务是由需要提供的。需要本身也并非超验性的存在，也是需要在社会具体的环境中得到实

---

① 哈耶克. 个人主义与经济秩序 [M]. 邓正来，译. 北京：三联书店，2003：12.
② 马克思，恩格斯. 马克思恩格斯全集：第25卷 [M]. 北京：人民出版社，1974：716.
③ 马克思，恩格斯. 马克思恩格斯全集：第3卷 [M]. 北京：人民出版社，1960：328.

现与获得的。

最后，按需分配体现的正是人的本真存在状态。"只有当社会生活过程即物质生产过程的形态，作为自由结合的人的产物，处于人的有意识有计划地控制之下的时候，它才会把自己的神秘纱幕揭掉，但是这需要有一定的社会物质基础或一系列物质生存条件，而这些条件又是长期的痛苦的历史发展的自然产物。"① 按需分配的实现是历史发展的结果，体现的是社会发展的必然。按需分配经常会被质疑，被称为乌托邦式的狂想，因为人的需要是无止境的。这样的解读是基于对马克思需要概念的误读。马克思理解的按需分配是指按照社会需要进行分配，而不是个人的欲望。在特定的社会生产力情况下，社会需要是具有一定结构性的。不同的社会阶层之间，不同的经济部门之间，生产的需要是一定的。超越社会发展阶段的特殊需要是不具有人的属性，而只能说是虚假的需要。因此，按需分配只能是按照社会需要的总体进行而不是按照每个人的特殊需要进行分配。此外，按需分配还体现着对社会总劳动的调节，对社会总劳动时间的调节。特定社会发展阶段的需要是呈现为一定结构性的，只有按照这种总体性的需要结构进行社会劳动时间的分配，才会避免生产的无政府主义，避免资本主义的经济危机。

---

① 马克思，恩格斯. 马克思恩格斯全集：第 23 卷 [M]. 北京：人民出版社，1972：97.

5 结论

中国社会主义仍然处于并将长期处于社会主义初级阶段，社会的主要矛盾是人民日益增长的美好生活需要和不平衡不充分的发展之间的矛盾。在改革的攻坚阶段，我们有必要重新从马克思关于需要的论述当中汲取资源。在马克思的著作中，对资本主义制度的批判贯穿始终，马克思的需要概念或隐或显地成为其整个思想体系中不可或缺的组成部分。"自《巴黎手稿》始发展起来的人类需要理论，核心围绕着人的本性与类存在的问题，这一理论贯穿其整个著述，直至《政治经济学批判（1857—1858 年手稿)》和《资本论》中对自我实现与社会需求的探讨。"① 马克思的需要概念包括总体性、能动性与历史性三个维度。探析马克思需要概念的上述三重维度：一方面将有利于对马克思关于人的本质与唯物史观的理解；另一方面对我们辩证地理解以人为本、建设和谐社会以及精神文明建设有强大的理论指导作用。

5.1 需要概念的总体性维度

马克思的需要概念直接受惠于黑格尔对市民社会的经济属性与政治国

---

① 麦卡锡. 马克思与古人：古典伦理学、社会正义和19世纪政治经济学［M］. 上海：华东师范大学出版社，2011：214.

家的伦理属性的二元划分。"他本人的竞争经济理论的核心思想既不是他的价值理论，也不是他的商品理论，更不是他的异化概念，甚至不也是得他的商品拜物教观点，而是以亚当·斯密为基础并部分地经过黑格尔发展的决定性洞见，即现代社会是个人在资本主义社会的经济框架内为满足自身需要的努力所形成的一个暂时阶段。"① 马克思对需要是从自然属性、社会属性以及精神属性三个层次进行理解的。

首先，需要的自然属性。需要是人的需要，自然特性是人的基本特性。马克思在《德意志意识形态》中提到"全部人类历史的第一个前提无疑是有生命个人的存在"②。这些个人为了能够生活，"首先就需要吃喝住穿以及其他一些东西。因此第一个历史活动就是生产满足这些需要的材料"③。吃、喝、住、穿是人类存在的第一需要，人为了能够存在必须首先保证其肉体的存在，这和其他动物并没有本质的不同。动物也必须根据自然界的法则来进行捕食与被捕食。

其次，需要的社会属性。固然马克思确定有生命的个人是历史的第一前提，强调了"第一个需要确认的事实就是这些个人的肉体组织以及由此产生的对其他自然的关系"④。这就说明了为了满足人类的需要，人类与自然的关系具有优先性。但是，马克思绝不是简单地从人的自然生物性本能的角度对人进行分析，甚至对人的自然生物本能进行批判。"吃、喝、性行为等，固然也是真正的人的机能。但是，如果使这些机能脱离了人的其他活动，并使它们成为最后的和唯一的终极目的，那么，在这种抽象中，它们就是动物的机能。"⑤ 需要的产生不仅具有自然特性，还具有社会性，而需要的满足社会性更加明显。"第二个事实是，已经得到满足的第一个需要本身、满足需要的活动和获得的为满足需要而用的工具又引起新的需要。"⑥

----

① 洛克曼. 马克思主义之后的马克思：卡尔·马克思的哲学 [M]. 北京：东方出版社，2008：10.
② 马克思，恩格斯. 马克思恩格斯文集：第1卷 [M]. 北京：人民出版社，2009：519.
③ 同②：531.
④ 同②.
⑤ 马克思. 1844年经济学哲学手稿 [M]. 北京：人民出版社，1985：51.
⑥ 同②：531.

人类只有靠联合起来的力量才能向自然界争得满足自己需要的对象物。原始人类是群居动物，为了满足需要，男人集体打猎，女人集体采摘果实，这已经被考古学家所证实。其证明了从人类最早的历史开始，需要的满足就具有社会性。新的需要产生于社会生产之中，就是社会需要，其满足同样具有社会性，满足需要的社会生产会带来越来越大规模的生产联系，最终导致人们的世界性联系，历史成为世界历史。

最后，需要的精神属性。人类的需要不仅仅是自然的必然，满足需要也不仅仅是依赖群体的自发。与动物真正的不同在于，人类能够走向自为的存在，自由自觉地进行满足需要的活动。马克思在《1844年经济学哲学手稿》中谈到："诚然，动物也生产。它也为自己营造巢穴或住所，如蜜蜂、海狸、蚂蚁等。但是，动物只生产它自己或它的幼仔所直接需要的东西；动物的生产是片面的，而人生产是全面的；动物只是在直接的肉体需要的支配下生产，而人甚至不受肉体需要的影响也进行生产，并且只有不受这种需要的影响才进行真正的生产；动物只生产自身，而人再生产整个自然界；动物的产品直接属于它的肉体，而人则自由地面对自己的产品。动物只是按照它所属的那个种的尺度和需要来构造，而人却懂得按照任何一个种的尺度来进行生产，并且懂得怎样处处都把固有的尺度运用于对象；因此，人也按美的规律来构造。"① 人的需要独特性就在于其精神性。精神性需要通过共享一种艺术文化形式能够把分散的个体联合起来。精神性需要还能够使得个体获得一种稳定感，起到将自我与社会结构相联系的纽带作用。最终精神性需要满足人们对生活意义的解释。人类创造出来的文化艺术通过教育的方式得以传承发扬。

需要的三个层次之间并非相互孤立的存在，而是具有内在的联系。需要的自然属性具有基础性的作用，正如马克思所说人是现实的、感性存在物，需要的自然属性就说明人并非思辨哲学所设定的抽象物，只有从人的需要自然属性开始，人的历史才是可能的。人类社会的发展，尤其是社会生产方式的变化也改变着人的需要本身，人的需要本身会随着社会的发展

---

① 马克思，恩格斯. 马克思恩格斯文集：第1卷［M］. 北京：人民出版社，2009：162-163.

而发展变化。在这个过程中，人的需要的自然属性不断得到升华，更多地具有社会属性。"饥饿总是饥饿，但是用刀叉吃熟肉来解除的饥饿不同于用手、指甲和牙齿啃生肉来解除的饥饿。"① 充分说明了即使是人的自然需要，其满足方式也会根据社会历史条件的不同而表现出巨大差异。需要的精神属性就是以社会的发展为基础的，很难想象原始社会的人会有追求高雅艺术的需要。需要的精神属性是对人的需要的更高层次的提升，人类社会的发展离不开人类的繁衍，现代社会男女之间的恋爱、婚姻就不仅仅是为了满足人类繁衍需要这一人的自然属性，而是为了更好地发现对方的美好，让对方更好地成长、激发对方的潜能，从而使人能够不断地趋向更加自由而全面的发展。

随着社会生产力的极大发展，人们能够有更多的时间进行精神需要的满足，这也体现出来人有对美的追求，对价值的追求。社会生产力的发展，人的衣食住行等自然需要能够得到更好的满足。与此同时，诸如休闲、欣赏高雅的音乐、通过旅游更好地享受大自然的馈赠等人的其他需要得以发展与实现。理解需要概念始终要区分需要本身与需要的满足方式。需要本身具有客观实在性。满足需要的方式受到社会发展的制约，从而使得人的需要发展也具有社会性。社会发展就是为了满足人的需要，同时在这一过程中创造出人的需要，不断提升人的需要层次，更加注重需要的精神属性。简言之，需要的发展也是人社会本质的不断展开、实现、证实的过程。

5.2　需要概念的能动性维度

马克思关于人的理解并非抽象的静止状态，相反具有能动性，需要把自己的本质实现出来。人有力量实现自己的本质，"马克思认为每一个人

---

① 马克思，恩格斯.马克思恩格斯文集：第 8 卷［M］.北京：人民出版社，2009：16.

只要他是一个人，他就会拥有力量和需要。"①因此，要想真正理解马克思关于需要的能动性界定，必须从人的本质实现的高度来进行把握。在人的本质自我实现的历史进程中，需要起到了关键的中介作用。

首先，马克思将唯心主义的能动性扬弃为唯物主义的能动性，主要体现为变观念的能动性为人的能动性。马克思在《关于费尔巴哈的提纲》中第一条就批判了旧唯物主义把人仅仅视为被动的客体，"唯心主义却把能动的方面抽象地发展了"。在《黑格尔法哲学批判》中，马克思批判了黑格尔的历史神秘主义，即世界历史是观念的自我运动。在黑格尔的哲学中现实的观念②（die Wirkliche Idea）并非我们通常所理解的现象世界，而是包含着自由规定性的运动。其次，现实的观念并非我们主观心理层面上的一般观念，而是体现着自由的逻各斯应当（ought）在现实中如何的情况。通过现实的个人这一概念，马克思对黑格尔"现实的观念"进行了具有革命性的批判与改造。马克思把历史动力的主体由观念转变为人。虽然早期马克思受青年黑格尔派的影响，"把自我意识看作是人的本质，从理论上说，是对传统思辨的辩证法高扬人的主体性和能动性观点的继承和深化。"③ 但是，在《德意志意识形态》这一著作中，马克思恩格斯对以前的观念进行了清算。马克思恩格斯确立了意识只能是人的意识、意识产生与发展于人的社会实践之中、社会存在决定社会意识等重要的唯物主义观点。

其次，人的能动性来源于人的需要。马克思对人的概念界定为现实的个人、感性的人、能动的人，人的本质实现并不能直接作用于外在于人之外的存在物，而是通过人的需要（need）这一环节。"马克思在解决人的本质的现实性问题的时候的分析框架是通过两条线索：其一是本质（essence）与现实（existence）；其二是理论（theory）与实践（praxis）。本质

---

① 奥尔曼. 异化：马克思论资本主义社会中人的概念 [M]. 王贵贤，译. 北京：北京师范大学出版社，2011：91.

② JOLIN A, O'MALLEY J. Karl Marx：Critique of Hegel's "philosophy of right" [M]. Cambridge：Cambridge University Press：xxxii.

③ 赵家祥. 马克思人的本质理论的历史演变 [J]. 党政干部学刊，2011（4）：7.

实现到现实中并不是自然形成的过程，一个外在于人的过程，而是需要人通过思辨理论把握本质，最后通过实践活动把人的本质确证与实现到现实中。"① 一方面，在现实社会中人的本质实现是需要思辨理论把握的，并通过理论的把握之后，合理利用实践中的物质力量，这样才是人的本质真正的实现与确证。另一方面，理论把握的人必须是人的本质，这样在实践中得到现实化的才是人的本质的现实化。这就是说实践还具有对人的本质实现的检验作用。因此，需要作为本质展现到现实之中的动力因，是本质与现实之间的中介桥梁。

最后，马克思界定了需要在人的本质实现中的地位，人在实现自己本质的过程就是满足自己需要的过程中，从而开启了人类的社会生产。人的本质是需要被证明的、被实现的。实现人的本质是人的力量、天赋的运用过程，在这个过程中人的需要被满足，人的力量得到发挥。马克思强调人类要生存，首先就要生产满足自己衣食住行的生活资料，这个过程中人类也生产了自己的物质生活本身。历史的第一个活动是物质生活本身的生产活动，新需要的产生也是历史的第一个活动。学者很少关注马克思对历史的第一个活动的这两个论述是否矛盾问题。只有从人的本质上需要不断实现，也就是物质生活本身的生产活动本身蕴含着新的需要产生，从而使得人的本质不断得到实现。要言之，人类进行满足需要的物质生产活动也是人的本质力量的运用过程。在人的力量进行发挥、天赋进行施展的过程中，其结束点就表现为新的需要的产生。所以说新需要的产生过程也就是物质生产过程。而且人类的物质生产过程并非总是从零开始，而是表现为人的力量的累积过程，这样人的力量总是在前一代的基础上进行发挥的。这表现为需要的满足方式发生了历史性的变化，也表现出需要的发展变化，需要的满足方式的不断变化。

---

① KAIN P J. History, knowledge, and essence in the early Marx [J]. Studies in Soviet Thought, 1983, 25 (4): 266.

5.3 需要概念的历史性维度

传统教科书体系解释历史唯物主义时强调生产力与生产关系矛盾是社会发展的动力，决定了历史发展方向。另一种解释认为，马克思的历史唯物主义着眼于人类自由的实现，尤其是工人阶级的解放。两种解释看似相互矛盾，实际上各执一端，从需要的历史性角度重新审视，我们会发现两者并不矛盾而是相辅相成。

首先，需要是生产力的原始动力。生产力包括生产者、生产对象以及生产工具。生产者进行生产活动，运用生产工具作用于生产对象。整个生产过程都是为了满足生产者的内在需要，需要是生产者进行生产的内在动力与目的。马克思在批判资本主义社会生产时区分了"外在的、偶然的需要"与"内在的必然的需要"。资本主义的生产劳动由于是外在的、偶然的需要而成为一种痛苦，被迫的活动。与此相对的是人作为人进行生产的状况。"在你享受或使用我的产品时，我直接享受到的是：既意识到我的劳动满足了人的需要，从而使人的本质对象化，又创造了与另一个人的本质的需要相符合的物品。"① 这就说明了社会生产并非无目的的生产，而是为了实现人的本质，实现人内在的必然的需要。"我直接证实与实现了我的真正的本质"② 进行满足人的需要的生产活动证实了人的本质，而生产的产品能够满足另一个人的本质需要则实现了人的本质。需要既联系生产者与生产对象，也创造出了生产者与生产者之间的关系，易言之主体间性问题。

其次，需要的变革导引社会关系的合理化。赫勒（Heller）③ 认为人的需要是复数的，而人的需要的满足就需要民主化的程序。进而为了改变现实生活中人的需要结构就必须依赖激进需要。激进需要的变革是社会结构

---

① 马克思. 1844 年经济学哲学手稿 [M]. 北京：人民出版社，2000：184.

② 同①.

③ HELLER A. The theory of need in Marx [M]. New York：St. Martin's Press, 1976.

变革的动力。这也是赫勒基于马克思的需要理论进行社会批判的进路。需要的实现是一种社会实践行为，这就决定了满足需要行为的社会性。全部马克思哲学的旨归就是"诉诸现实社会关系合理化来'改变世界'、从而为'现实的个人'的能动解放找到了科学的实现途径"①。马克思认为人的本质证明、实现过程就是社会关系合理化的过程。从某种程度上说，马克思从 1844 年开始研究政治经济学，就是为了找到实现社会关系合理化的途径。马克思反对政治经济学家把资本主义社会想象成为永恒不变的社会形态，代之以人类历史发展进程中的一个阶段。在这个阶段人类的生产力发展程度比以往任何时候的生产力总和都要大都要多，但是也造成了人类大多数的普遍贫困存在状态。"马克思不同意亚当·斯密的个人自足性的假设，强调人的本质实现的相互需要。"② 需要的变革一方面作为生产力发展的动力，推动着满足需要方式的变化，另一方面也促进着生产关系的变革，使得生产关系能够适应生产力的发展要求，满足人类发展的需要。

最后，需要的历史性还表现为以人的自由全面发展为目的。生产力与生产关系相互作用的动力源于满足人的需要，人的需要代表着人的能动性。所以说生产力的发展是需要的全面发展，而需要的全面发展就是人的本质的全面展现，是人的自由更加全面地实现。这就是为什么马克思强调，"在社会主义的前提下，人的需要的丰富性，从而某种新的生产方式和某种新的生产对象具有何等意义：人的本质力量的新证明和人的本质的新的充实"③。毋宁说，需要的全面满足要求社会生产力的全面发展，生产关系的不断趋于合理化；生产力与生产关系这一矛盾运动体作为社会发展的动力，而在本真意义上社会发展进程是需要的全面满足，是人的本质的不断实现、不断充实，是人的能动性的全面发展，是人的自由不断实现。因此，马克思一方面坚持了康德的"人是目的"的绝对律令，另一方面追随了黑格尔对伦理与道德的区分，认为人的自由是在历史中不断实现的。

① 李成旺. 马克思哲学革命的当代启示 [J]. 现代哲学，2010 (3)：1-8.

② BROCK G. Necessary goods: our responsibility to meet others' needs [M]. Lanham: Rowman & Littlefield, 1998.

③ 马克思. 1844 年经济学哲学手稿 [M]. 北京：人民出版社，2000：120.

5.4　马克思需要概念的现实启示

第一，正确理解人民主体的科学内涵。要区分处理人与自然的关系以及人与人的关系，从而有针对性地坚持以人民为中心。在处理人与自然问题的时候，就是要利用自然科学的最新成果合理有效的利用自然资源。这里并非要涸泽而渔，对自然进行大肆掠夺，盲目开发；而是既要满足当代人的利益，同时也要考虑子孙后代发展需要的可持续的开发利用自然资源。在处理人与人的关系时，马克思反对把人的本质抽象化，强调从社会历史的视角对人的本质进行理解。人是在社会情境中历史发展的，体现出来社会发展的阶段性，社会内部的阶级阶层性。中国社会主义仍然处于并将长期处于社会主义初级阶段，远没有达到马克思所设想的共产主义社会，人的发展水平还表现出极大差异。在团结一切有利于社会主义现代化建设力量的同时，也要依法坚决打击破坏社会主义建设的不法分子。如此，才能更好地为人民服务，实现中华民族伟大复兴。坚持人民群众的主体性，人民群众是历史的创造者。弘扬人民群众的主体性与能动性，就要区分出来哪些是人民的迫切需要，哪些不属于人民的需要、虚假的需要、不利于人的发展的需要。从而有针对性地改革限制人民群众满足需要的现行制度，释放更多的促进社会发展活力因素。利用中国特色社会主义制度的优越性，更好地满足人民群众的需要，人们能够更加自由全面地发展。

第二，马克思的需要概念着眼于精神文明建设。自古以来，人类就有对"真""善""美"的追求。人类不仅有物质需要，也存在精神需要，对社会伦理道德的追求，对高雅艺术文化的向往。精神文明建设就是要满足人们的精神需要。精神需要在社会发展的不同时期会有不同的表现，对精神需要的满足形式也不尽相同。当前，真正实现社会主义核心价值观就要真正满足人民群众的根本需要，改革那些制约社会需要得到满足的社会关系，完善社会制度，使得合理的社会结构性的存在能够得到稳定存在。人民群众的根本需要的满足依赖于公共政策的合理制定与实施。社会发展的特定阶段是由社会生产力决定的，在特定的发展阶段产生了特定的需要结构。不能否认的是社会不同生产方式下存在着不同的社会阶层。如果让不同社会阶层之间进行无序的竞争将会出现"人与人是狼的关系"。因此，必须有效的调节不同社会阶层之间的利益平衡。这样就能够使得不同社会阶层之间的利益都能够得到保护并使社会发展能够有序进行。社会不同个体之间的需要与社会不同阶层之间的需要都必须在人民群众根本需要的统领下进行有效有序的满足。

第三，以美好生活需要为动力推动习近平新时代中国特色社会主义思想认同。习近平新时代中国特色社会主义思想生成于中华民族从站起来、富起来到强起来的时代；生成于科学社会主义在经历了苏联解体东欧剧变之后在 21 世纪的中国重新焕发出强大生命力的时代；生成于中国特色社会主义现代化建设不断取得世界瞩目成果的新时代。当前社会的主要矛盾已然转变成人民日益增长的美好生活需要和不平衡不充分的发展之间的矛盾。因此，人民对美好生活的需要是习近平新时代中国特色社会主义思想认同的根本动力。习近平新时代中国特色社会主义思想回应社会发展的需要。自觉以习近平新时代中国特色社会主义思想为指导既是新思想指导新实践的过程也是满足社会发展需要的过程。紧扣人民日益增长的美好生活需要，落实"五位一体"总体布局和"四个全面"战略布局既是习近平新时代中国特色社会主义思想认同根本动力又是其现实化的根本要求。建构习近平新时代中国特色社会主义思想认同还需要与其他社会性思潮相碰撞相交锋。面对与主流意识形态相背离的个别社会阶层所形成的社会意识，比如虚无主义、民粹主义等，我们必须揭示其错误根源。马克思曾无数次教导我们思想文化领域的斗争是与物质生活领域紧密相关的。在全球化时代，国内外意识形态斗争异常激烈，既要看到国外意识形态渗透，又要看到国内"高级黑低级红"的呼应。要敢于亮剑、善于斗争，将意识形态工作生活化、日常化、制度化，真正滋润人们的精神生活。因此，我们必须保持清醒头脑，与沉渣泛起的落后文化作坚决的斗争，确立人民主体地位不动摇。与此同时，批判以资本逻辑为核心的社会思潮。以习近平新时代中国特色社会主义思想引领社会主义文化建设，使绝大多数民众不因其他思想理论观念的影响而改变对中国特色社会主义道路、理论体系和制度的认同。

参考文献

阿格尔，1991. 西方马克思主义概论 [M]. 慎之，等译. 北京：中国人民大学出版社.

阿多诺，1993. 否定的辩证法 [M]. 张峰，译. 重庆：重庆出版社.

阿伦特，1999. 人的条件 [M]. 竺乾威，等译. 上海：上海人民出版社.

阿尔都塞，2001. 读《资本论》[M]. 李其庆，冯文光，译. 北京：中央编译出版社.

阿尔都塞，2010. 保卫马克思 [M]. 顾良，译. 北京：商务印书馆.

埃尔斯特，2008. 理解马克思 [M]. 何怀远，等译. 北京：中国人民大学出版社.

安德森，2012. 论成为人 [M]. 叶汀，译. 上海：上海三联书店.

奥伊泽尔曼，1964. 马克思主义哲学的形成 [M]. 潘培新，译. 北京：三联书店.

奥伊则尔曼，1981. 马克思的《经济学——哲学手稿》及其解释 [M]. 刘丕坤，译. 北京：人民出版社.

巴加图利亚，1981. 马克思的第一个伟大发现：唯物史观的形成和发展 [M]. 陆忍，译. 北京：中国人民大学出版社.

奥尔曼，2011. 异化：马克思论资本主义社会中人的概念 [M]. 王贵贤，译. 北京：北京师范大学出版社.

伯曼，2003. 一切坚固的东西都烟消云散了 [M]. 徐大建，张辑，译. 北京：商务印书馆.

柏拉图, 2009. 理想国 [M]. 郭斌和, 张竹明, 译. 北京: 商务印书馆.

毕尔格, 2005. 主体的隐退 [M]. 陈良梅, 夏清, 译. 南京: 南京大学出版社.

卞绍斌, 2010. 马克思的"社会"概念 [M]. 济南: 山东人民出版社.

北京大学哲学系外国哲学史教研室, 1963. 18 世纪法国哲学 [M]. 北京: 商务印书馆.

布伯, 2002. 我与你 [M]. 陈维刚, 译. 北京: 生活·读书·新知三联书店.

泰勒, 2008. 自我的根源: 现代认同的形成 [M]. 韩震, 等译. 南京: 译林出版社.

泰勒, 2009. 黑格尔与现代社会 [M]. 徐文瑞, 译. 长春: 吉林出版集团有限责任公司.

陈曙光, 2009. 马克思人学革命研究 [M]. 北京: 中国社会科学出版社.

陈新汉, 1995. 评价论引论 [M]. 上海: 上海社会科学院出版社.

陈新夏, 2013. 唯物史观与人的发展理论 [M]. 南京: 江苏人民出版社.

陈先达, 2010. 走向历史的深处 [M]. 北京: 中国人民大学出版社.

陈晏清, 阎孟伟, 2007. 辩证的历史决定论 [M]. 北京: 中国社会科学出版社.

崔唯航, 2005. 马克思哲学革命的存在论阐释 [M]. 北京: 中国社会科学出版社.

德里达, 1999. 马克思的幽灵: 债务国家、哀悼活动和新国际 [M]. 何一, 译. 北京: 中国人民大学出版社.

杜威, 2006. 人的问题 [M]. 傅统先, 邱椿, 译. 上海: 上海人民出版社.

段德智, 2009. 主体生成论 [M]. 北京: 人民出版社.

段忠桥, 2009. 重释历史唯物主义 [M]. 南京: 江苏人民出版社.

笛卡尔, 1986. 第一哲学沉思集 [M]. 庞景仁, 译. 北京: 商务印书馆.

多迈尔, 1992. 主体性的黄昏 [M]. 万俊人, 朱国钧, 吴海针, 译. 上海: 上海人民出版社.

丰子义, 2012. 马克思主义社会发展理论研究 [M]. 北京: 北京师范大学出版社.

丰子义, 2010. 走向现实的社会历史哲学 [M]. 武汉: 武汉大学出版社.

丰子义, 孙承叔, 王东, 1994. 主体论: 新时代新体制呼唤的新人学 [M].
北京: 北京大学出版社.

冯平, 1995. 评价论 [M]. 北京: 东方出版社.

冯文光, 1986. 马克思的需要理论 [M]. 哈尔滨: 黑龙江人民出版社

费尔巴哈, 1995. 基督教的本质 [M]. 荣震华, 译. 北京: 商务印书馆.

费彻尔, 2009. 马克思与马克思主义: 从经济学批判到世界观 [M]. 赵玉
兰, 译. 北京: 北京师范大学出版社.

费希特, 2009. 论学者的使命 [M]. 梁志学, 沈真, 译. 北京: 商务印书馆.

复旦大学哲学系现代西方哲学研究室, 1983. 西方学者论《一八四四年经
济学—哲学手稿》[M]. 上海: 复旦大学出版社.

福柯, 2005. 主体解释学 [M]. 佘碧平, 译. 上海: 上海人民出版社.

弗兰克, 2001. 个体的不可消逝性 [M]. 先刚, 译. 北京: 华夏出版社.

弗罗姆, 1988. 占有还是生存 [M]. 关山, 译. 北京: 三联书店.

高清海, 2001. 人就是 "人" [M]. 沈阳: 辽宁人民出版社.

高清海, 2010. 哲学与主体自我意识 [M]. 北京: 中国人民大学出版社.

高秉江, 2005. 胡塞尔与西方主体主义哲学 [M]. 武汉: 武汉大学出版社.

广松涉, 2005. 文献学语境中的《德意志意识形态》[M]. 彭曦, 译. 南京:
南京大学出版社.

广松涉, 2009. 唯物史观的原像 [M]. 邓习议, 译. 南京: 南京大学出版社.

郭艳君, 2005. 历史与人的生成 [M]. 北京: 社会科学文献出版社.

郭艳君, 2012. 历史的生成性 [M]. 哈尔滨: 黑龙江大学出版社.

郭湛, 2011. 主体性哲学: 人的存在及其意义 [M]. 北京: 中国人民大学出
版社.

郭宝宏, 2008. 论人的需要 [M]. 北京: 经济科学出版社.

古尔德, 2009. 马克思的社会本体论 [M]. 王虎学, 译. 北京: 北京师范大
学出版社.

哈贝马斯，2003. 在事实与规范之间［M］. 童世骏，译. 北京：生活读书新知三联书店.

哈贝马斯，2013. 重建历史唯物主义［M］. 郭官义译. 北京：社会科学文献出版社.

哈贝马斯，2010. 理论与实践［M］. 郭官义，李黎译. 北京：社会科学文献出版社.

哈耶克，2003. 个人主义与经济秩序［M］. 邓正来，译. 北京：三联书店.

哈耶克，2001. 哈耶克论文集［M］. 邓正来，选编译. 北京：首都经济贸易大学出版社.

哈耶克，2000. 法律、立法与自由［M］. 邓正来，等译. 北京：中国大百科全书出版社.

韩立新，2008. 新版《德意志意识形态》研究［M］. 北京：中国人民大学出版社.

韩震，1996. 生成的存在［M］. 北京：北京师范大学出版社.

韩庆祥，邹诗鹏，2001. 人学：人的问题的当代阐释［M］. 昆明：云南人民出版社.

韩庆祥，2011. 马克思的人学理论［M］. 郑州：河南人民出版社.

何中华，2009. 重读马克思：一种哲学观的当代诠释［M］. 济南：山东人民出版社.

何中华，2002. 哲学：走向本体澄明之镜［M］. 济南：山东人民出版社.

贺来，2013. "主体性"的当代哲学视域［M］. 北京：北京师范大学出版社.

赫勒，2011. 激进哲学［M］. 赵司空，孙建茵，译. 哈尔滨：黑龙江大学出版社.

赫舍尔，2009. 人是谁［M］. 隗仁莲，安希孟，译. 贵阳：贵州人民出版社.

黑格尔，2009. 法哲学原理［M］. 范扬，张企泰，译. 北京：商务印书馆.

黑格尔，1979. 精神现象学［M］. 贺麟，王玖兴，译. 北京：商务印书馆.

黑格尔，1981. 哲学史讲演录（1～4卷）［M］. 贺麟，王太庆，译. 北京：

商务印书馆.

黑格尔, 2006. 历史哲学 [M]. 王造时, 译. 上海: 上海书店出版社.

黑格尔, 1960. 小逻辑 [M]. 贺麟, 译. 北京: 商务印书馆.

黑格尔, 1966. 逻辑学 [M]. 杨一之, 译. 北京: 商务印书馆.

胡塞尔, 2002. 伦理学与价值论的基本问题 [M]. 艾四林, 安仕侗, 译. 北京: 中国城市出版社.

胡克, 1989. 对卡尔·马克思的理解 [M]. 徐崇温, 译. 重庆: 重庆出版社.

霍克海默, 1989. 批判理论 [M]. 李小兵, 译. 重庆: 重庆出版社.

黄楠森, 2000. 人学原理 [M]. 南宁: 广西人民出版社.

黄鸣奋, 2004. 需要理论及其应用 [M]. 北京: 中华书局.

黄克剑, 1996. 人韵: 一种对马克思的读解 [M]. 北京: 东方出版社.

洪汉鼎, 2013. 斯宾诺莎哲学研究 [M]. 北京: 中国人民大学出版社.

教育部社会科学委员会秘书处, 2008. 国外高校人文社会科学发展报告 [M]. 北京: 高等教育出版社.

吉登斯, 2010. 历史唯物主义的当代批判 [M]. 郭忠华, 译. 上海: 上海译文出版社.

吉登斯, 2007. 资本主义与现代社会理论 [M]. 郭忠华, 潘华凌, 译. 上海: 上海译文出版社.

吉登斯, 1998. 社会的构成 [M]. 李康, 李猛, 译. 北京: 三联书店.

康德, 2010. 康德著作全集 (1-9) [M]. 李秋零, 主译. 北京: 中国人民大学出版社.

柯尔施, 1989. 马克思主义和哲学 [M]. 王南湜, 荣新海, 译. 重庆: 重庆出版社.

柯尔施, 1993. 卡尔·马克思: 马克思主义的理论和阶级运动 [M]. 熊子云, 翁廷真, 译. 重庆: 重庆出版社.

勒德雷尔, 1988. 人的需要 [M]. 邵晓光, 译. 沈阳: 辽宁大学出版社.

科尔纽, 1987. 马克思的思想起源 [M]. 王谨, 译. 北京: 中国人民大学出版社.

旷三平，2007. 马克思"社会存在论"及其当代价值 ［M］. 南昌：江西人民出版社.

柯亨，2008. 卡尔·马克思的历史理论：一种辩护 ［M］. 段忠桥，译. 北京：东方出版社.

库诺，2006. 马克思的历史、社会和国家学说 ［M］. 袁志英，译. 上海：上海译文出版社.

卡西尔，2013. 人论 ［M］. 甘阳，译. 上海：上海译文出版社.

拉宾，1981. 论西方对青年马克思思想的研究 ［M］. 马哲，译. 北京：人民出版社.

拉布里奥拉，1984. 关于历史唯物主义 ［M］. 杨启璘，等译. 北京：人民出版社.

多亚夫，高夫，2008. 人的需要理论 ［M］. 汪淳波，张宝莹，译. 北京：商务印书馆.

莱博维奇，2007. 超越《资本论》：马克思的工人阶级政治经济学 ［M］. 2版. 北京：经济科学出版社.

李连科，1999. 价值哲学引论 ［M］. 北京：商务印书馆.

李连科，1991. 哲学价值论 ［M］. 北京：中国人民大学出版社.

李德顺，2013. 价值论 ［M］. 北京：中国人民大学出版社.

李德顺，孙伟平，赵剑英，等，2010. 马克思主义哲学范畴研究 ［M］. 北京：中国社会科学出版社.

李杰，2012. 马克思开辟的人学道路及其当代价值 ［M］. 北京：人民出版社.

李惠斌，李义天，2010. 马克思与正义理论 ［M］. 北京：中国人民大学出版社.

李从军，2004. 价值体系的历史选择 ［M］. 北京：人民出版社.

李为善，刘奔，2002. 主体性和哲学基本问题 ［M］. 北京：中央文献出版社.

李凯林，1996. 马克思劳动主体性思想研究 ［M］. 北京：北京出版社.

李晓青, 2011. 激进需要与理性乌托邦 [M]. 哈尔滨：黑龙江大学出版社.

李楠明, 2005. 价值主体性：主体性研究的新视域 [M]. 北京：社会科学文献出版社.

李云峰, 2007. 马克思学说中人的概念 [M]. 北京：人民出版社.

李成旺, 2011. 马克思哲学革命的文本学解读 [M]. 北京：中国社会科学出版社.

刘永富, 2002. 价值哲学的新视野 [M]. 北京：中国社会科学出版社.

刘放桐, 2012. 马克思主义哲学与现代西方哲学研究 [M]. 北京：北京师范大学出版社.

刘金萍, 2009. 主体形而上学批判与马克思哲学主体性思想 [M]. 北京：中国社会科学出版社.

刘森林, 2008. 追寻主体 [M]. 北京：社会科学文献出版社.

刘森林, 2013. 物与无：物化逻辑与虚无主义 [M]. 南京：江苏人民出版社.

刘森林, 2003. 重思发展：马克思发展理论的当代价值 [M]. 北京：人民出版社.

刘森林, 2009. 实践的逻辑 [M]. 北京：社会科学文献出版社.

拉蒙特, 1992. 价值判断 [M]. 马俊峰, 王建国, 王晓升, 译, 北京：中国人民大学出版社.

洛克莫尔, 2009. 历史唯物主义：哈贝马斯的重建 [M]. 孟丹, 译. 北京：北京师范大学出版社.

罗克摩尔, 2005. 黑格尔：之前和之后：黑格尔思想历史导论 [M]. 北京：北京大学出版社.

罗素, 1976. 西方哲学史 [M]. 何光武, 李约瑟, 马元德, 译. 北京：商务印书馆.

洛维特, 2006. 从黑格尔到尼采 [M]. 李秋零, 译. 北京：生活·读书·新知三联书店.

卢卡奇, 1989. 社会存在本体论导论 [M]. 毛怡红, 沈耕, 译. 北京：华夏出版社.

卢卡奇，2009. 历史与阶级意识［M］. 杜章智，等译. 北京：商务印书馆.

吕世荣，2001. 马克思社会发展理论研究［M］. 北京：中国社会科学出版社.

利奥塔，2000. 非人［M］. 罗国祥，译. 北京：商务印书馆.

里格比，2012. 马克思主义与历史学［M］. 吴英，译. 南京：译林出版社.

马克思，恩格斯，2009. 马克思恩格斯文集：1~10卷［M］. 北京：人民出版社.

马克思，恩格斯，2012. 马克思恩格斯选集：1~4卷［M］. 北京：人民出版社.

马克思，恩格斯，2010. 马克思恩格斯全集：第3卷［M］. 北京：人民出版社.

马克思，恩格斯，1963. 马克思恩格斯全集：第19卷［M］. 北京：人民出版社.

马克思，恩格斯，1995. 马克思恩格斯全集：第30卷［M］. 北京：人民出版社.

马克思，恩格斯，1998. 马克思恩格斯全集：第31卷［M］. 北京：人民出版社.

马克思，恩格斯，2004. 马克思恩格斯全集：第32卷［M］. 北京：人民出版社.

马克思，恩格斯，2008. 马克思恩格斯全集：第33卷［M］. 北京：人民出版社.

马克思，2000. 1844年经济学哲学手稿［M］. 北京：人民出版社.

马斯洛，2007. 动机与人格［M］. 许金声，等译. 北京：中国人民大学出版社.

马斯洛，1987. 人的潜能和价值［M］. 杨功焕，译. 北京：华夏出版社.

马俊峰，1994. 评价活动论［M］. 北京：中国人民大学出版社.

马俊峰，2012. 马克思主义价值理论研究［M］. 北京：北京师范大学出版社.

梅林, 1956. 马克思传 [M]. 罗稷南, 译. 上海：三联书店.

牧口常三郎, 1989. 价值哲学 [M]. 马俊峰, 江畅, 译. 北京：中国人民大
学出版社.

毛崇杰, 2002. 颠覆与重建：后批评中的价值体系 [M]. 北京：社会科学
文献出版社.

莫伟民, 1995. 主体的命运 [M]. 上海：上海人民出版社.

马尔库塞, 2008. 单向度的人 [M]. 刘继, 译. 上海：上海世纪出版集团.

马尔库什, 2012. 马克思主义与人类学 [M]. 哈尔滨：黑龙江大学出版社.

麦卡锡, 2011. 马克思与古人：古典伦理学、社会正义和 19 世纪政治经济
学 [M]. 王文扬, 译. 上海：华东师范大学出版社.

麦克莱伦, 2010. 马克思传 [M]. 王珍, 译. 北京：中国人民大学出版社.

麦克莱伦, 2008. 马克思思想导论 [M]. 郑一明, 陈喜贵, 译. 北京：中国
人民大学出版社.

聂锦芳, 2012. 批判与建构：《德意志意识形态》文本学研究 [M]. 北京：
人民出版社.

聂锦芳, 2013.《资本论》及其手稿再研究：文献、思想与当代性 [M]. 北
京：经济科学出版社.

牛变秀, 王峰明, 2011. 价值存在和运动的辩证法马克思《资本论》及其手
稿的核心命题研究 [M]. 北京：社会科学文献出版社.

内格尔, 2004. 人的问题 [M]. 万以, 译. 上海：上海译文出版社.

尼采, 1987. 偶像的黄昏 [M]. 周国平, 译. 长沙：湖南人民出版社.

欧阳谦, 2002. 20 世纪西方人学思想导论 [M]. 北京：中国人民大学出
版社.

欧阳谦, 1986. 人的主体性和人的解放：西方马克思主义的文化哲学初探
[M]. 济南：山东文艺出版社.

普列汉诺夫, 2012. 论一元论历史观的发展问题 [M]. 王荫庭, 译. 北京：
商务印书馆.

普列汉诺夫，2010. 论个人在历史上的作用问题［M］. 王荫庭，译. 北京：
商务印书馆.

佩鲁，1987. 新发展观［M］. 张宁，丰子义，译. 北京：华夏出版社.

帕尔纽克，1988. 作为哲学问题的主体和客体［M］. 刘继岳，译. 北京：中
国人民大学出版社.

普特南，2006. 事实与价值二分法的崩溃［M］. 应奇，译. 北京：东方出
版社.

庞世伟，2009. 论完整的人：马克思人学生成论研究［M］. 北京：中央编译
出版社.

钱广华，张能为，2001. 近现代西方本体论学说之流变［M］. 合肥：安徽大
学出版社.

阮青，2004. 价值哲学［M］. 北京：中共中央党校出版社.

单少杰，1989. 主客体理论批判［M］. 北京：中国人民大学出版社.

施密特，1993. 历史和结构［M］. 张伟，译. 重庆：重庆出版社.

施密特，1988. 马克思的自然概念［M］. 欧力同，吴仲，译. 北京：商务印
书馆.

孙承叔，2009. 真正的马克思［M］. 北京：人民出版社.

孙正聿，2012. 马克思主义辩证法研究［M］. 北京：北京师范大学出版社.

孙正聿，等，2011. 马克思主义基础理论研究［M］. 北京：北京师范大学
出版社.

孙正聿，2010. 哲学通论［M］. 北京：人民出版社.

孙伟平，2008. 价值论转向［M］. 合肥：安徽人民出版社.

孙伟平，2000. 事实与价值［M］. 北京：中国社会科学出版社.

孙伯鍨，张一兵，2001. 走进马克思［M］. 南京：江苏人民出版社.

孙亮，2013. 马克思主义哲学研究范式：一个批判性建构［M］. 北京：知识
产权出版社.

孙乃龙，2011. 现实的主体何以可能［M］. 北京：中国社会科学出版社.

司马云杰，1990. 文化价值论［M］. 济南：山东人民出版社.

司马云杰, 2003. 价值实现论 [M]. 西安：陕西人民出版社.

萨特, 1998. 辩证理性批判 [M]. 林骧华, 等译. 合肥：安徽文艺出版社.

萨特, 2003. 存在主义是一种人道主义 [M]. 上海：上海译文出版社.

沙夫, 2009. 结构主义与马克思主义 [M]. 济南：山东大学出版社.

斯密, 1994. 国民财富的性质和原因的研究 [M]. 郭大力, 王亚南, 译. 北京：商务印书馆.

梯利, 伍德, 2010. 西方哲学史 [M]. 葛力, 译. 北京：商务印书馆.

泰勒, 2002. 黑格尔 [M]. 张国清, 译. 南京：译林出版社.

图加林诺夫, 1989. 马克思主义中的价值论 [M]. 齐友, 王雯, 安启念, 译. 北京：中国人民大学出版社.

王玉樑, 2013. 从理论价值哲学到实践价值哲学 [M]. 北京：人民出版社.

王玉樑, 2006. 21世纪价值哲学 [M]. 北京：人民出版社.

王玉樑, 2004. 当代中国价值哲学 [M]. 北京：人民出版社.

王伟光, 2001. 利益论 [M]. 北京：人民出版社.

王义军, 2002. 从主体性原则到实践哲学 [M]. 北京：中国社会科学出版社.

王晓红, 2011. 现实的人的发现 [M]. 北京：北京师范大学出版社.

王南湜, 谢永康, 2004. 后主体性哲学的视域 [M]. 北京：中国人民大学出版社.

王峰明, 2008. 马克思劳动价值论与当代社会发展 [M]. 北京：社会科学文献出版社.

王锐生, 景天魁, 1984. 论马克思关于人的学说 [M]. 沈阳：辽宁人民出版社.

王虎学, 2012. 人的社会与社会的人 [M]. 济南：山东人民出版社.

望月清司, 2009. 马克思历史理论的研究 [M]. 韩立新, 译. 北京：北京师范大学出版社.

邬焜, 李建群, 2002. 价值哲学问题研究 [M]. 北京：中国社会科学出版社.

魏小萍, 2005. 追寻马克思 [M]. 北京：人民出版社.

魏小萍, 2010. 探求马克思：《德意志意识形态》原文文本的解读与分析 [M]. 北京：人民出版社.

吴晓明, 1993. 历史唯物主义的主体概念 [M]. 上海：上海人民出版社.

吴倬, 杨君游, 等, 1992. 现代西方人学名著选评 [M]. 北京：中国人民大学出版社.

吴倬, 2002. 马克思主义哲学导论 [M]. 北京：当代中国出版社.

沃尔夫, 2006. 当今为什么还要研读马克思 [M]. 段忠桥, 译. 北京：高等教育出版社.

夏冬, 2006. 需要理论视角下的西方经济学 [M]. 北京：经济管理出版社.

萧前, 杨耕, 等, 2012. 唯物主义的现代形态：实践唯物主义研究 [M]. 北京：中国人民大学出版社.

肖, 2007. 马克思的历史理论 [M]. 阮仁慧, 等译. 重庆：重庆出版社.

西美尔, 2007. 货币哲学 [M]. 陈戎女, 耿开君, 文聘元, 译. 北京：华夏出版社.

夏甄陶, 2000. 人是什么 [M]. 北京：商务印书馆.

亚里士多德, 2009. 政治学 [M]. 吴寿彭, 译. 北京：商务印书馆.

亚里士多德, 2003. 尼克马克伦理学 [M]. 廖申白, 译注. 北京：商务印书馆.

亚里士多德, 2003. 形而上学 [M]. 苗力田, 译. 北京：中国人民大学出版社.

阎孟伟, 2011. 在马克思实践哲学的视野中 [M]. 武汉：武汉大学出版社.

杨学功, 2011. 传统本体论哲学批判：对马克思哲学变革实质的一种理解 [M]. 北京：人民出版社.

杨学功, 2012. 在范式转换的途中 [M]. 北京：中央编译出版社.

杨耕等著, 2013. 马克思主义哲学基础理论研究 [M]. 北京：北京师范大学出版社.

杨耕, 2012. 马克思主义历史观研究 [M]. 北京：北京师范大学出版社.

杨耕，2013. 为马克思辩护 [M]. 北京：北京师范大学出版社.

仰海峰，2006. 形而上学批判：马克思哲学的理论前提及当代效应 [M].
　南京：江苏人民出版社.

俞吾金，2013. 重新理解马克思 [M]. 北京：北京师范大学出版社.

俞吾金，2001. 实践诠释学：重新解读马克思哲学与一般哲学理论 [M].
　昆明：云南人民出版社.

俞吾金，2004. 从康德到马克思：千年之交的哲学沉思 [M]. 桂林：广西师
　范大学出版社.

俞吾金，2007. 问题域的转换：对马克思和黑格尔关系的当代解读 [M].
　北京：人民出版社.

俞吾金，2012. 被遮蔽的马克思 [M]. 北京：人民出版社.

余纪元，2013. 亚里士多德《形而上学》中 being 的结构 [M]. 杨东东，
　译. 北京：中国社会科学出版社.

袁贵仁，2013. 价值观的理论与实践 [M]. 北京：北京师范大学出版社.

袁贵仁，2012. 马克思主义人学理论研究 [M]. 北京：北京师范大学出
　版社.

袁贵仁，2008. 对人的哲学理解 [M]. 上海：东方出版中心.

张曙光，2009. 人的世界与世界的人 [M]. 北京：北京师范大学出版社.

张曙光，2001. 生存哲学：走向本真的存在 [M]. 昆明：云南人民出版社.

张盾，2009. 马克思的六个经典问题 [M]. 北京：中国社会科学出版社.

张一兵，2010. 马克思历史辩证法的主体向度 [M]. 武汉：武汉大学出
　版社.

张一兵，夏凡，2011. 人的解放 [M]. 郑州：河南人民出版社.

张一兵，1999. 回到马克思：经济学语境中的哲学话语 [M]. 南京：江苏
　人民出版社.

张文喜. 2004. 马克思论"大写的人"[M]. 北京：社会科学出版社.

张文喜，2002. 自我的建构与解构 [M]. 上海：上海人民出版社.

张文喜，2013. 重建历史唯物主义历史总体观 [M]. 北京：中国人民大学

出版社.

张树琛, 2006. 探索价值产生奥秘的理论: 价值发生论［M］. 广州: 广东
　人民出版社.

张世英, 朱正琳, 1993. 哲学与人［M］. 北京: 商务印书馆.

张世英, 2001. 自我实现的历程［M］. 济南: 山东人民出版社.

张檀琴, 李敏, 2012. 需要、欲望和自我: 唯物论和辩证观的需要理论
　［M］. 北京: 经济科学出版社.

章韶华, 1992. 需要—创造论: 马克思主义人类观纲要［M］. 北京: 中国
　广播电视出版社.

赵长太, 2008. 马克思的需要理论及其当代意义［M］. 郑州: 河南人民出
　版社.

赵家祥, 2006. 马克思主义历史哲学［M］. 长春: 吉林人民出版社.

赵海英, 2008. 主体性: 与历史同行［M］. 北京: 首都师范大学出版社.

赵甲明, 韦正翔, 2011. 马克思主义基本观点18讲［M］. 北京: 中国社会
　科学出版社.

赵甲明, 等, 2009. 马克思主义基本原理专题研究［M］. 北京: 社会科学
　文献出版社.

周为民, 2011. 马克思主义关于人的学说［M］. 北京: 人民出版社.

周辅成, 1997. 论人和人的解放［M］. 上海: 华东师范大学出版社.

周青鹏, 2012. 马克思历史动力理论研究［M］. 南昌: 江西人民出版社.

邹广文, 2004. 社会发展的文化诉求［M］. 保定: 河北大学出版社.

ALLEN E. BUCHANAN, 1982. Marx and justice: the radical critique of liberal-
　ism［M］. Totowa: Rowman and Littlefield.

ANTHONY O'HEAR, 1999. German philosophy since Kant［M］. New York:
　Cambridge University Press.

BERLIN I, 1959. Karl Marx: his life and environment［M］. New York &
　Oxford University Press.

BROCK G, 1998. Necessary goods: our responsibility to meet others' needs

［M］. Lanham：Rowman & Littlefield.

BERTELL OLLMAN, 1998. Market socialism：the debate among socialists ［M］. New York：Routledge.

BERLIN I, HARDY H, 2000. The power of ideas ［M］. Princeton：Princeton University Press.

BERTELL OLLMAN, TONY SMITH, 2008. Dialectics for the new century ［M］. Basingstoke & New York：Palgrave Macmillan.

CALLINICOS A, 1974. The revenge of history：Marxism and the East European revolution ［M］. Cambridge：Polity Press.

COHEN M, NAGEL T, SCANLON T, 1980. Marx, justice, and history ［M］. Princeton：Princeton University Press.

COHEN G A, 1988. History, labour, and freedom：themes from Marx ［M］. Oxford：Clarendon Press.

ERICH FROMM, 1961. Marx's concept of man ［M］. New York：F. Ungar Pub. Co.

FEHER. HELLER, MARCUS, 1983. Dictatorship over Needs ［M］. New York：St. Martins Press.

FRASER I, 1998. Hegel and Marx：the concept of need ［M］. Edinburgh：Edinburgh University Press.

GEORGE E, MCCARTHY, 1990. Marx and the Ancients：classical ethics, social justice, and nineteenth-century political economy ［M］. Savage：Rowman & Littlefield.

GEORGE E, MCCARTHY, 1992. Marx and Aristotle：nineteenth-century German social theory and classical antiquity ［M］. Savage：Rowman & Littlefield Publishers.

GEORGE E, MCCARTHY, 2009. Dreams in exile：rediscovering science and ethics in nineteenth-century social theory ［M］. Albany：State University of New York Press.

HELLER A, 1976. The theory of need in Marx [M]. New York: St. Martin's Press.

Herbert Schnädelbach, 1984. Philosophy in Germany, 1831—1933 [M]. Cambridge & New York: Cambridge University Press.

JOSEPH A, SCHUMPETER, 1951. Ten great economists, from Marx to Keynes [M]. New York: Oxford University Press.

JOHN PLAMENATZ, 1975. Karl Marx's philosophy of man [M]. Oxford: Clarendon Press.

JONATHAN E, PIKE, 1999. From Aristotle to Marx: Aristotelianism in Marxist social ontology [M]. Aldershot: Ashgate.

JULIAN DODD, 2008. An identity theory of truth [M]. New York: St. Martin's Press ; Basingstoke, Hampshire: Macmillan.

JOSEPH A, SCHUMPETER, 2008. Capitalism, socialism, and democracy [M]. New York: Harper Perennial.

JOHN F. SITTON, 2010. Marx today: selected works and recent debates [M]. New York: Palgrave Macmillan.

KAMENKA, EUGENE, 1972. The ethical foundations of Marxism [M]. London & Boston: Routledge and Kegan Paul.

KAIN P J, 1988. Marx and ethics [M]. New York: Oxford University Press.

LESZEK KOŁAKOWSKI, 1978. Main currents of Marxism: its origins, growth, and dissolution [M]. P. S. Falla trans. Oxford & New York: Oxford University Press.

MILLS W, 1962. The Marxists [M]. New York: Dell Pub. Co.

MCCARTHY T, 1978. The critical theory of Jürgen Habermas [M]. Cambridge: MIT Press.

MORTIMER J, ADLER, 1990. Great books of the Western world [M]. Chicago: Encyclopaedia Britannica.

NIEN－FENG CHIANG, 1987. Hegel's social ontology [M]. Ann Arbor,

Mich：UMI.

NAGEL T，1997. The last word ［M］. New York：Oxford University Press.

OHLSSON R，1995. Morals based on needs ［M］. Lanham：University Press of America.

POMPA L，1982. Vico：selected writings ［M］. New York：Cambridge University Press.

PERRY ANDERSON，1983. In the tracks of historical materialism ［M］. London：Verso.

RIGBY S H，1992. Engels and the formation of Marxism：history，dialectics，and revolution ［M］. Manchester：Manchester University Press.

ROCKMORE T，2002. Marx after Marxism：the philosophy of Karl Marx ［M］. Malden：Blackwell Publishers.

READER S，2005. The philosophy of need ［M］. Cambridge & New York：Cambridge University Press.

READER S，2007. Needs and moral necessity ［M］. New York：Routledge.

ROBIN PATRIC CLAIR，2008. Why work：the perceptions of a "real job" and the rhetoric of work through the ages ［M］. West Lafayette：Purdue University Press.

SESONSKE，1961. Value and obligation ［M］. New York：Harcourt，Brace & World.

SHARON K，VAUGHAN，2008. Poverty，justice，and western political thought ［M］. Lanham：Lexington Books.

STEVENSON L，HABERMAN D L，2009. Ten theories of human nature ［M］. New York：Oxford University Press.

SPENCER J，PACK，2010. Aristotle，Adam Smith and Karl Marx：on some fundamental issues in 21st century political economy ［M］. Cheltenham，Glos & Northampton，MA：Edward Elgar.

TAGLIACOZZO G，1983. Vico and Marx：affinities and contrasts ［M］. New

Jersey: Humanities Press Inc.

THOMSON G, 1987. Needs [M]. London & New York: Routledge & Kegan
Paul.

WOOD A W, 1988. Marx selections [M]. New York: Macmillan.

WEST C, 1991. The ethical dimensions of Marxist thought [M]. New York:
Monthly Review Press.

WENDELL JOHN COATS, JR, 2003. Political theory and practice: eight essays
on a theme [M]. Selinsgrove: Susquehanna University Press.

WOOD, ALLEN W, 2004. Karl Marx [M]. New York: Routledge.